덤벼라, 인생

덤벼라, 인생

제1판 제1쇄 발행일 2012년 2월 10일
제1판 제7쇄 발행일 2012년 8월 15일

글 | 고성국·남경태
기획 | 책도둑(김민호, 박정훈, 박정식)
디자인 | 김상보
사진 | 최상천
발행인 | 김은지
발행처 | 철수와영희
등록번호 | 제319-2002-42호
주소 | 서울 마포구 망원1동 386-2 양경회관 302-1호
전화 | (02)332-0815
팩스 | (02)6091-0815
전자우편 | chulsu815@hanmail.net

* 이 책에 실린 내용 일부나 전부를 다른 곳에 쓰려면
  반드시 저작권자와 철수와영희 모두한테서 동의를 받아야 합니다.
* 책값은 뒤표지에 있습니다.

ISBN 978-89-93463-22-4 03300

철수와영희 출판사는 '어린이' 철수와 영희, '어른' 철수와 영희에게
도움 되는 책을 펴내기 위해 노력하고 있습니다.

철수와영희

고박과 남쌤이 청소년들에게 들려주는 인생론

덤벼라, 인생

고성국·남경태 글

철수와영희

지구에는 70억 개의 서로 다른 인생이 있을 뿐이다

:: 고성국

남경태는 멋진 친구다. 우리는 전두환 정권의 폭압으로 세상이 모두 고개 숙이고 살아가던 1980년대 초 백산서당 출판사에서 기획위원과 편집부원으로 만났다. 우리가 작당해 만든 책들 때문에 출판사 사장이었던 친구는 노상 도망 다니거나 감옥에 들어가 있어야 했다.

그때나 지금이나 남경태는 바람같이 산다. 종잡을 수 없이 자유분방하고 예측을 불허하는 엉뚱함으로 산다. 나는 그가 좋다. 그와 얘기하고 노는 것이 좋다. 때로 폭포같이 쏟아지는 그의 말 속에 묻혀 있는 것이 좋다. 별로 재미없을 내 장광설을 끈기 있게 들어주는 그가 좋다.

20여 년 세월이 훌쩍 흐른 뒤 인생을 주제로 남경태와 다시 만났다. 남경태와 사랑을 얘기하고 죽음을 얘기했다. 나는 그로써 이미 족하다.

내 얘기만을 하려고 했다. 누군가에게 내 인생 얘기를 교훈적으로 들려줄 생각은 처음부터 없었다. '인생의 선배', '인생의 선생'이란 얼마나 가당찮은 말인가!

70억 명이 사는 지구에는 70억 개의 서로 다른 인생이 있을 뿐이다.

지극히 사적인 방식으로 담은 두 사람의 경험과 생각

:: 남경태

"누구나 어린 시절을 거쳤지만 그것을 기억하는 어른은 별로 없다."

생텍쥐페리가 『어린 왕자』의 첫 대목에서 한 말인데, 내 경우는 그렇지 않다. 나는 어린 시절을 비교적 또렷하게 기억하는 편이다. 하지만 그렇게 된 배경은 별로 유쾌하지 않다. 내게 어린 시절은 소박하고 즐거웠던 기억이 아니라 일종의 트라우마로 남았기 때문이다.

가난하고 고단했던 것은 그 시대 사람 대다수가 마찬가지였지만, 나의 어린 시절과 젊은 시절, 즉 1970~80년대는 가난이나 고단과는 또 다른 삶의 부담이 있었다. 정치적으로 예민한 후각을 가진 것도, 사회적으로 폭넓은 관심을 가진 것도 아니었으나 그 시절의 정치와 사회는 나처럼 그 방면에 둔하고 무관심한 사람마저도 끊임없이 압박과 긴장감에 시달리게 했다.

경제성장 이데올로기에 모든 것이 저당 잡힌 시대였다. 개인은 없고 온통 국가주의, 사회 유기체론이 지배한 시대였다. 학교에서는 폭력이 만연하고 상상력이 부재했으며, 사회에서는 부정이 난무하고 진취적 정신이 실종된 시대였다. 그 후유증을 지금 우리가 온몸으로 고스란히 견디고 있다. 그 시절의 지도자였던 박정희를(심지어 전두환까지도) 흔히 경제적으로는 성공했으나 정치적으로는 실패한 지도자라고 말하며 공과 과를 구분하지만, 내가 보기에 그의 진정한 실패는 정치적 측면보다 정신적·문화적 측면에 있다. 그는 국민에게 공포의 대상이었을 뿐 아니라 국민의 무의식마저 지배했다. 나와 같은 평범한 국민의 의식조차도 가위눌리게 했다는 점에서 그는 미화될 만한 업적 따위는 전혀 없고, 완전한 실패자이며 역사적 죄인이다.

개인적으로 불우하고 사회적으로 마비된 시대에 어린 시절과 젊은 시절을 보낸 나 같은 사람이 지금의 청소년들에게 무슨 말이든 해줄 자격이 있는지 냉철히 따져본다면 지금 이 책은 나오지 말았어야 한다.

이 책에서 다루는 '정의'나 '권력'은 물론이고 특히 '사랑'이나 '공부'에 관해 나는 그때도 제대로 경험하지 못했고 지금도 현실적으로 할 말이 없다(따라서 이 책에서 내가 가장 확실하게 말할 수 있는 주제는 '죽음'뿐이다). 그때 난 사랑을 느낀 적이 없었고 지금 난 정의를 실감하지 못하기 때문이다.

그럼에도 불구하고 이 책이 만들어지고 나오게 된 것은 전적으로 20년 만에 다시 만난 좋은 선배 고성국 박사 덕분이다. 어찌 보면 젊은 시절에 어울렸다가 오랜 기간 만남을 갖지 못했기에 오히려 지금 이렇게 둘이서 '평화롭게' 청소년들에게 들려줄 대화를 나눌 수 있었는지도 모른다.

　예나 지금이나 나는 계몽주의를 무척 싫어한다. 누구를 계몽하거나 설득하려 할 때 느끼는 부담과 좌절은 이미 오래전에 내려놓았다. 그러므로 지금 이 책은 독자를 계몽하거나 설득할 의도가 전혀 없다. 그냥 대화라는, 어찌 보면 지극히 사적인 방식을 통해 두 사람의 경험과 생각을 풀고, 그 결과를 식당의 메뉴처럼 '전시'해놓은 것에 불과하다. 여기서 무엇을 어떻게 취하고 버릴지는 독자의 몫이다.

1. 사랑하라, 젊음이여

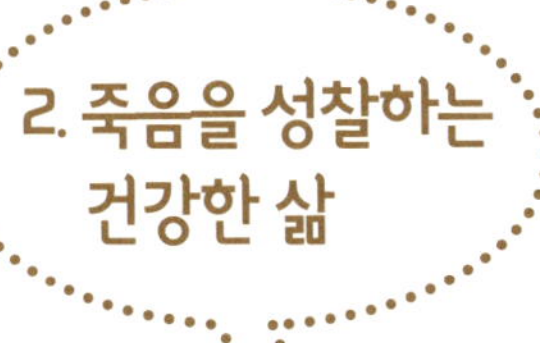
2. 죽음을 성찰하는
건강한 삶

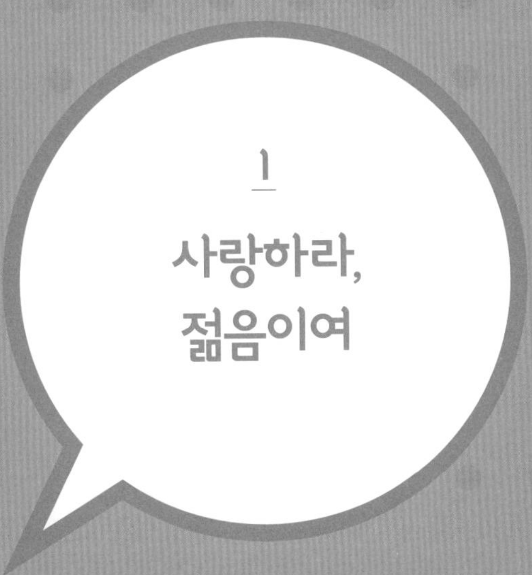
1
사랑하라,
젊음이여

인간의 사랑과 동물의 사랑 사이

남경태　사랑부터 얘기해볼까? 아무래도 말랑말랑한 것부터 건드리는 게 좋지 않아?

고성국　그래. 사랑이 진짜 말랑말랑한지는 얘기해봐야겠지만.

남경태　형처럼 사랑을 충분히 해봤을 거 같은 사람과 나처럼 사랑과 거리가 멀어 보이는 사람이 사랑을 얘기한다니, 왠지 서로 다른 얘길 할 거 같은데?

고성국　남녀 간의 사랑만 얘기할 건 아니잖아. 우리에게 필요한 건 말하자면 사랑의 철학이 아니겠어?

남경태　사랑의 철학이라면 나는 사르트르가 생각나는데. 그는 사랑을 결국 '소유'의 문제로 보았어. 있는 그대로 사랑하는 건 불가능하다고 생각한 거야. 실제 연애할 때 그렇잖아. 저 사람을 '통째로', 그러니까 존재 자체를 사랑한다고 믿는 순간에도 사실은 그 사람을 둘러싼 여러 조건을 보고 있을 수 있고, 육체적 욕망의 대상으로 볼 수도 있고……. 종국에는 저 사람을 내 것으로 만들고 싶다는 욕심이 생기지.

고성국　동물의 세계에서는 그런 걸 번식이라고 해. 예컨대 새끼를 보호하기 위해 위험을 감수하는 어미의 행동은 인간의 척도로 봤을 때는 아주 헌신적인 사랑이지만, 사실 종족 번식을 위한 본능적인 행위지.

남경태 TV 프로 〈동물의 왕국〉에서 '인간 세계에서는 볼 수 없는 지극한 모성애' 어쩌고 하는 내용이 나오면 일단 감동을 받지. 그러면서도 한편 '저건 그저 본능에 따른 행위일 뿐인데……' 하는 생각도 들어.

고성국 어느 땐 동물이 인간보다 나아.

남경태 (웃음) 오히려 인간이 배워야 한다는 말이지?

고성국 인간도 동물이고 생물이기 때문에 다른 생명체와 마찬가지로 행동해. 다만 동물들의 그것과 구분 짓는 것뿐이거든.

남경태 남녀 간의 사랑에는 확실히 동물적인 본능이 있지.

고성국 물론 인간의 욕망을 둘러싼 사회 문화적 관계를 빼고 사랑을 이해할 수는 없는 거야. 마찬가지로 도킨스가 "DNA의 자기복제"라고 표현했던 동물적 번식 욕구를 빼고 인간의 사랑을 온전히 이해하기도 어렵다고 생각해. 성(性)의 두 가지 측면, 즉 동물적 본능과 사회 문화적 관계를 균형 있게 봐야 한다고. 그래야 성(性)을 왜곡해서 인식하지 않을 수 있고 자연스런 생명 활동으로 볼 수 있지. 부끄러워

해야 할 이유도, 집착할 이유도 없는 거지. 인간의 사랑에는 동물적 본능을 넘어서는 고유의 느낌과 감성이 있잖아. 이걸 가꾸고 풍부하게 해야 하는 거지. 사랑이 더 넓고 깊어지면 그 안에서 개인과 사회가 더 성숙할 수 있지 않을까.

남경태 형 얘길 들으니 생각나는 게 하나 있네. 회사의 경우 남녀비율이 비슷한 경우와 그렇지 않은 경우 분위기가 달라. 적당히 비율이 맞아야 분위기도 좋고 일도 잘돼. 학교도 그렇잖아. 남녀공학 분위기가 낫거든. 성비가 그런 식으로 조직관계에 영향을 미친다는 걸 경험했어. 성이라는 게 욕망이기도 하지만 거기엔 그 이상의 무언가가 있다는 거야.

고성국 사랑에 빠진 두 사람 사이에 있는 게 섹스뿐이라면 쉽게 식어버릴 수 있어. 성적 대상은 쉽게 바꿀 수 있으니까. 하지만 진짜 사랑은 오로지 한 사람을 향하지.

계약 결혼의 논리

남경태 그런데 안 그런 경우도 있잖아. 소위 말하는 '불륜'이라는 게 그런 거 아닌가? 아까 형이 말한 것처럼 그렇게 사랑하고 결혼해서 가정을 꾸렸는데, 이젠 다른 파트너에게 매력을 느낀단 말이야. 도덕적 비

"사랑은 다 달라. 70억의 사람이 있으면 70억의 사랑이 있는 거거든. 이걸 특정 기준으로 강제한다고 생각해봐. 비극이 싹트는 거지. 개인의 성적 취향과 선택을 법으로 관리해야 한다는 사고방식을 버려야 해. 성숙한 사회는 그런 차이들이 자연스럽게 조율되는 사회인 거지."
_고성국

난을 뛰어넘을 만큼 강렬한, 그런 '사랑'을 어떻게 봐야 할까? 윤리적 잣대로 몰아붙일 것이냐, 아니면 비극적인 사랑으로 볼 것이냐…….

고성국　사랑은 다 달라. 70억의 사람이 있으면 70억의 사랑이 있는 거거든. 이걸 특정 기준으로 강제한다고 생각해봐. 비극이 싹트는 거지. 예컨대 지금도 "간통한 사람을 돌로 쳐 죽인다"는 율법을 따르는 사회가 있잖아. 심한 경우는 그냥 형제들이 린치를 가해서 죽이기도 하고.

　개인의 성적 취향과 선택을 법으로 관리해야 한다는 사고방식을 버려야 해. 성숙한 사회는 그런 차이들이 자연스럽게 조율되는 사회인 거지. 인간은 불완전하기 때문에 오류를 저지르잖아. 지금 상대자가 아닌 다른 사람과 사랑에 빠졌다고 해서 이걸 집단이 응징하는 사회와 당사자가 스스로 책임지는 사회 중 어떤 게 더 나은 사회일까. 인간에게는 잘못된 선택을 극복하고 더 나은 삶과 행복을 찾아갈 권리가 있는 거야.

남경태　그런데 한번 이렇게 생각해보자고. 지금 어떤 사람이 A와 B 사이에서 괴로워하고 있어. 현재 A와의 관계에 묶여 있는데 B가 마음에 든다고. 하지만 A와의 관계를 깨고 B랑 시작하자니 대가가 너무 크기 때문에 망설여진단 말이야. 사랑이 전부는 아니니까. 다른 데서 행복을 찾을 수도 있거든. 그런데 유독 사랑에 목숨 거는 사람들이 있단 말이지. 그래서 결국 선택을 하지, 자기 욕망을 따르기로.

　자, 그랬을 때 형의 말처럼 우리가 이 사람을 비난할 수는 없다고 치고 A 입장에서 생각해보자고. 아마도 엄청난 배신감을 느낄 거야. 만약 아이가 있는 집이라면 그로 말미암아 더 큰 문제가 생길 수도 있고. 일반적인 도덕률로 보면 반사회적인 행동일 수도 있는 거 아닌가, 가정을 깨니까.

고성국 ‘반사회적’이라는 기준이 무어냐에 따라 다르지 않을까? 단순히 가정이 깨졌다고 해서 이걸 반사회적이라고 할 수 있느냐 하는 거야. 그 선택이 일시적인 성적 충동과 욕구에 의한 것이라면 비난받아 마땅하지만 어떤 절박하고 처절한 계기가 있을 수도 있잖아. 이걸 누가 어떻게 판단할 수 있을까? 그건 본인만이 알 수 있는 거거든. 개인이나 사회나 각각의 선택에 충실하고 이를 받아들일 수 있을 만큼 성숙해져야 한다고 봐.

남경태 이건 좀 다른 얘기 같은데, 사르트르가 보부아르와 ‘계약 결혼’을 했던 이유도 ‘선택’에 대한 사회적 속박으로부터 자유로워지고자 그랬던 건 아닐까?

고성국 ‘계약 결혼’의 핵심은 둘이서 부부로 살지만 서로 사생활을 간섭하지 않는다는 거였잖아.

남경태 사르트르는 충분히 그럴 수 있을 만한 위인이지. 그게 자기 신조고.

고성국　그런데 아이러니한 건, 보부아르도 사르트르도 다 그렇게 충실했는데, 그래도 괴로웠다는 거야. 인간인 이상 사랑의 대상을 구속하고 싶어 하기 마련이잖아. 하지만 자기 철학과 원칙에 충실하려면 그걸 부정해야 하니까. 나는 이게 새로운 사랑의 방식을 찾는 하나의 실험이었다고 생각해.

　잠깐 얘기를 돌려보면, 남미의 어느 원시부족 풍습에 '실험 결혼'이라는 게 있어. 일단 같이 사는 거야. 함께 애도 낳고 살다가 '아, 이 사람이 정말 나의 파트너다. 인생의 반려자다.' 하는 생각이 들면 비로소 부모들한테 허락을 얻어서 정식으로 결혼한다는 거야. 수천 년간 이어져 왔다는 그 전통은 오늘날의 계약 동거, 계약 결혼과 본질적으로 다르지 않다고. 그러니까 내가 하고 싶은 말은 사랑에 관한 사회적 판단과 기준이라는 게 상대적이라는 거야. 지금 많은 젊은이가 사실상 행하고 있는 계약 동거를 원시부족이 한다고 해서 미개하다고 치부해서도 안 되고, 반대로 젊은이들의 새로운 사랑법을 과거의 가치관으로 재단해서 부도덕하다고 비난할 이유도 없는 거라고. 아무튼 사르트르와 보부아르는 70년 전에 그런 실험을 했고 프랑스 사회는 그런 것들을 수용할 수 있는 넉넉함이 있었다는 게 중요해. 우리 사회도 섹스와 사랑에 대해 좀 더 성숙하고 열린 시각들이 필요하다고 생각해.

남경태　그렇게 되면 성적 소수자에 속하는 사람들도 충분히 이해할 수 있을 거고. 자기가 좋아하는 사람이랑 살려는 건 본능이니까.

아는 만큼 사랑한다

남경태　그레일링이라는 영국의 유명한 칼럼니스트가 이런 말을 했어. 이념적으로는 반공주의적이고, 냉전적이고, 보수적인 사람인데, 문화적으로는 상당히 개방적이었나 봐. 동성애자 간 결혼뿐 아니라 그들에게 입양도 허용해야 한다는 거야. 보수적인 영국 사회에서 파장이 대단했지. 왜냐면 동성애자 부부가 아이를 입양한다는 건 그들을 완전한 가정으로 인정한다는 거거든. 내게는 '좋은 가정'의 조건에 '이성 부모'가 필수는 아니라는 시각이 참신하게 느껴졌어. 사실, 아이를 잘 키울 수 있고 또 그럴 의사가 있다면 누구든 아이를 입양할 수 있는 거잖아. 물론 이런 생각에 공감하는 사람이 아직은 많지 않지만 말이야.

고성국　존 스튜어트 밀이 『자유론』에서 이런 주장을 해. 행복이라는 게 공리주의자들이 말하는 것처럼 기계적으로 양적으로 딱 떨어지는 건 아니지 않으냐. 인간이 느끼는 행복은 질적인 것이다. 따라서 인간은 행복을 느끼려면 부단히 자기 자신을 계발해야 한다. 예를 들어서 당장 노동을 해서 돈을 벌어서 맛있는 걸 먹는 것도 행복이지만, 그 돈을 다른 사람에게 기부하면서 느끼는 마음의 행복은 그보다 더 클 수 있다. 그렇게 각각의 개인이 성숙해가는 것이 인류의 진보다. 그 출발이 인간의 자기결정권이다. 이렇게 얘기한단 말이야. 자기 자식에 대한 무한한 사랑, 정말 목숨까지 버릴 수 있는 부모의 사랑에 대해 존 스튜어트 밀 식으로 말하면 "그 사랑을 다른 아이들한테까지 넓혀라"가 되겠지. 같은 맥락에서 나는 사랑에 빠진 많은 젊은이가 그 사랑을 정말 지구에 대한 사랑, 인류에 대한 사랑, 또 모든 생명 있는 것에 대한 사랑으로 넓혀나가기를 바라고 있어.

남경태 우리가 1980년대에 '민중'이란 말을 많이 썼잖아. 진보적인 민중이야말로 역사의 동력이라고 믿었지. 그런데 그 '민중'을 개별적으로 보면 실망을 줄 때가 잦잖아. 공공장소에서 기본적인 배려 없이 행동하는 사람들, 오로지 자기 이익만 챙기려 드는 수많은 '민중'들……. '역사의 동력'으로서 노동 계급을 말할 때도 일상에서 그 증거를 찾기란 쉬운 일이 아니더라고. 그때 든 생각이 이래. 이러한 것들을 끌어안지 않고 민중을 또는 노동자 계급을 사랑한다고 말할 수 있을까? 인간이 신이 아닌 이상 어려운 일이잖아. 이런 딜레마가 항상 있더란 말이지. 그런 의미에서 형이 아까 말한 대로 눈에 보이지 않는 사람들, 아프리카의 난민, 성적 소수자들에게 사랑을 줄 수 있겠느냐는 거야. 당장 내 앞가림도 못하는 상황에서 말이지.

고성국 "아는 만큼 사랑한다"는 말이 있잖아. 지금도 시골 장터에 가면, 물건을 사고파는 아주머니들, 노인들, 술주정뱅이까지 참 많은 삶을 만날 수 있지. 그들을 포함해서 나 역시 소위 말하는 '민중'이잖아. 그런데 우리는 과연 그 한 사람 한 사람의 삶을 얼마나 알고 있을까? 어제오늘 지하철이나 엘리베이터를 탈 때 마구잡이로 밀고 들어오던 그 사람들도 마찬가지야. 내가 모르는 사람이거든. 그 사람의 인생에 어떤 우여곡절이 있었는지 나는 모른단 말이야. 그래서 당연히 그런 무례한 행동에 화가 나는 거고.

하지만 한번 생각해보자고. 만약 내가 아는 어떤 사람이 전쟁을 겪고 굴곡진 현대사의 삶을 거쳐 왔단 말이야. 잘 알다시피 우리의 역사가 얼마나 굴곡지고 왜곡되고, 혼란스러웠어? 그런 상황에서 제대로 자기성찰의 기회도 얻지 못하고 오로지 생존을 위해서 아등바등하면서 여기까지 살아온 사람이라면, 그래서 남보다 자신을 우선하고 싶은 무례한 태도가 일상화되어 있는 사람이라면 생각이 조금은 달라지지 않을까? 동정심이 생길 수도 있겠지. 지금 당장 그가 보인 무례함을 넘어서 그 뒤에 있는 팍팍한 삶을 볼 수 있다면 그것조차 사랑할 수 있지 않을까? 그가 막 세상에 태어났을 때의 모습, 사랑스럽고 귀여운 아이로 커가던 모습, 꿈 많고 기개 높았던 청년이었을 때의 모습을 그려보면서 말이지.

남경태 그렇지. 알면 태도가 달라지지. 하다못해 그 사람이 먼 친척뻘이라도 된다면 훨씬 이해가 되겠지. 그 사람이 살아온 삶을 아니까. 하지만 내가 알 수 있는 삶이라는 게 한계가 있잖아.

고성국 주변의 모든 사람을 이해할 수는 없지. 게다가 올바로 이해했는지도 알 수 없고. 그래서 나는 '눈높이'가 중요하다고 봐. "역지사지(易地思之)", 그 사람의 처지에서 생각해보는 거야. 겉으로 보기에 무례한 사람도 '눈높이'를 맞춰서 보면 이해하고 사랑하는 마음이 생길 수도 있잖아. 그래서 사랑은 노력이라고 봐. 가만히 보고만 있어도 가슴이 뛰고 기분이 좋아지고 행복을 느끼게 하는 정말 아름다운 사람이 있는가 하면, 사랑해야지, 사랑해야지, 하면서 의지적으로 노력해야 간신히 마음이 움직여지는 사람도 있다는 거야. 사랑하기 위해 노력하라! (웃음)

순간의 사랑, 영원의 사랑

남경태 그와 관련해서 미(美)의 기준에 대해 이야기해보고 싶은데, 사람마다 사랑을 느끼는 대상, 아름답다고 느끼는 대상이 제각각이잖아. 내가 본 어떤 사진작가는 주름살만 전문적으로 찍는데, 예컨대 목수 할아버지 이마에 깊이 팬 주름살, 장터 할머니의 주름진 손 같은 걸 찍는 거지, 이 사람은 그게 세상에서 제일 아름다운 손이래. 그들의 삶을 사랑하는 거지. 그런데 그게 쉽게 공감이 안 될 수도 있잖아. 사춘기 즈음, 그러니까 예쁜 여자를 보면 본능적으로 마음이 움직이는 나이 때 선생님께서 너를 길러준 어머니 손이야말로 예쁜 거다, 이러는 거야. 그럼 이해는 가는데 공감은 안 가거든. 예쁜 건 따로 있는데……. (웃음) 예쁘다는 말의 사전적인 의미가 바뀌면 모를까, 분명히 우리 어머니 손은 하나도 예쁘지 않은데 왜 예쁘다고 하는 걸까? 내가 이상한 건가? 그런 생각을 했거든.

고성국 방송을 하다 보면 연예인들을 직접 볼 기회가 많아. 그럴 때마다 생각하지. 사람이 사람을 좋아하고 사랑한다는 게 뭘까? 왜 사람들은 연예인에 열광할까. 오로지 멋지다는 이유 때문에? 그럴 수 있어. 하지만 자기가 좋아하는 연예인과 진짜로 사귄다고 치면 그땐 얘기가 좀 달라지지 않을까? 사람이 마네킹하고 사랑을 나눌 수는 없잖아. 일반 시청자의 입장에서 보면 연예인은 사실 마네킹이지. 자기하고 직접적인 상호작용이 있는 건 아니잖아. 무슨 얘기냐 하면, 그의 멋진 외모도 좋지만, 그의 생각, 감성, 나와 나눈 어떤 대화에서 그가 했던 말 몇 마디……, 이런 것들을 다 아울러 총체적으로 사랑하는 거거든. 그래서 자기가 아주 좋아하는 연예인을 실제로 사귄다 하더라도 드라마나 영화 같은 사랑을 하기는 어려울 거라는 생각이 들더라고.

남경태 그렇지. 앞으로 알고 지낼 사람도 아니고.

고성국 엘리베이터를 같이 탄다거나 했을 때 우연히 자기들끼리 얘기하는 걸 들으면 사실은 좀 실망스러울 때가 많다고. 연예인에 대한 환상이 많은 거야. 아까 '아는 만큼 사랑할 수 있다'고 했잖아. 마찬가지로 아는 만큼 안 사랑할 수도 있을 거 같아. 가능성이 양쪽으로 다 열려 있는 거지. 나는 사랑이 신화에 빠지면 안 된다고 봐. 어떤 사람을 사랑할 때는, 드라마 속 연예인을 사랑하는 것과는 달라. 내 앞에 있는 바로 그 사람, 살아 있는 인간, 생생하게 존재하면서 나와 눈을 맞추고 대화하는 인간, 함께 밥을 먹는 그 사람을 인간으로서, 실체적으로 사랑해야 한다고. 그게 진짜 사랑이지.

남경태　사랑이 식는 이유도 그와 관련이 있는 거 같아. 처음엔 좋았다가 나중엔 싫어질 때가 있잖아. 서로 사랑했는데 나중에 보니까 전에 안 보이던 단점도 보이고 말이야. 사르트르가 말한 것처럼 자의식을 가진 실존적인 인간으로서 평등하게 만나 사랑하는 일이 굉장히 어렵다는 거야.

고성국　어렵지.

남경태　게다가 그런 관계를 유지하는 건 얼마나 어렵겠어.

고성국　끝없이 유지한다는 건 불가능한 것 같아. 인간이 불완전한 존재이기 때문이야. 신과 신이 만나서 사랑한다면 그럴 수가 있겠지. 시작도 끝도 없는 영원한 시간까지 완벽한 파트너로서 함께 말이야.

남경태　고대 그리스 로마 시대의 신들은 인간처럼 질시하고 사랑하고 그랬지.

고성국　인간화된 신 말고 절대자로서의 신을 염두에 둔다면 영원한 사랑이 가능하다고 보는 거야. 하지만 우린 인간이잖아. 보통 사람의 수명이 80년이라면 그렇게 살아가는 동안 완벽하게 저 사람과 하나가

됐다, 저 사람이 보는 별을 나도 똑같이 보고 있구나, 그런 느낌은 일생에 몇 번 없을 거야. 부모와 자식 간에 혹은 연인 사이에 그런 순간이 있을 수 있겠지. 예를 들어 말 안 듣던 자식이 어느 순간 철이 들어서 머리 깎고 군대 가는 날 아버지하고 뜨겁게 악수하면서 헤어질 때, 그런 순간 말이야.

남경태   나중에 또 싸우기도 하겠지만 그 순간의 사랑이 중요한 거지.

고성국   역설적이게도 바로 그 짧은 순간의 사랑이야말로 영원의 사랑이지. 그 경험과 기억을 평생 가져가거든. 누구에게나 그런 경험이 있을 거로 생각해. 다만 누구는 그걸 좀 둔하게 느끼고 누구는 좀 더 강렬하게 느끼고 오래 기억하는 차이가 있는 거라고 봐. 에리히 프롬이 '사랑이 기술'이라고 했을 때 그 기술이라는 게 바로 그 추억, 그 기억을 어떻게 잘 유지해갈 것이냐에 대한 얘기였거든. 다시 말하지만, 사랑은 노력이야.

조화로운 삶을 위한 사랑의 기술

남경태   부모 자식 간의 사랑은 좀 다르지만, 남녀 간의 사랑은 기복이 심한 거 같아. 별거 아닌 일로 다퉈서 헤어지고 결혼했다가 이혼하기도 하고 그렇게 사랑했던 사람이 남남이 되는 경우도 비일비재하고……

고성국　서양에서는 부부로 살다가 헤어져서 친구로 지내는 경우들이 드물지 않아.

남경태　우리보다는 많겠지만 그쪽도 생각만큼 흔하지는 않다고 하데.

고성국　중요한 건 이별을 보는 시각에 문화적인 차이가 있다는 거야. 내 생각도 그렇지만, 성숙한 두 사람이 만나서 사랑하고 헤어지는 것에 너무 특별한 의미를 부여하지 말자는 거야. 더구나 헤어졌다고 해서 자신을 탓하거나 상대를 모멸하거나 할 이유가 없잖아. 그들의 사고방식에 따르자면 결혼이라는 것도 하나의 계약이니, 그 계약이 끝나도 좋은 친구로서는 계속 지낼 수 있다는 거지.

남경태　하지만 이별에 그렇게 담담할 수 있는 사람이 많지는 않을 거 같은데? 남녀 간의 사랑이 아니더라도 일단 관계를 한번 맺으면 정이라는 게 쌓이잖아. 근데 묘한 게, 그러고 난 다음에 어떤 일로 이별을 하게 되면 사무적인 관계보다도 더 나빠지는 거야. 좋은 기억보다 나쁜 기억이 더 우월하기라도 한 걸까?

고성국　친구 관계가 그래. 서로에게 실망할 일이 생기거나 어떤 계기로 관계가 틀어지면 굉장히 힘들어진다고.

남경태 친한 친구일수록 더 섭섭하다는 게 아이러니야.

고성국 그런데 그게 뭔가 이유가 있을 거 아니야. 그걸 생각해봐야지. 친하게 지냈을 때는 그럴 만한 이유가 있었을 테고, 헤어졌다면 그 역시 합당한 이유가 있을 텐데 감정적으로만 반응한다는 건 문제가 있다고 봐.

남경태 감정이 앞서서 그런 거 아닐까?

고성국 내가 자신이 있고 당당하면 그렇게 감정이 앞서진 않거든. 외려 나 스스로 뭔가 부족하고 자신이 없을 때 지나치게 감정적으로 될 때가 잦더라고. 정을 주더라도 과도하게 주는 거야. 합리적이지가 않지.

남경태 그렇지. 합리적이지는 않지. 하지만 '정情'이라는 게 원래 합리적인 게 아니잖아.

고성국 하지만 그게 '정'의 본질이라고 말할 수는 없을 거야. '정'도 제어할 수 없는 게 아니거든. 다시 에리히 프롬의 주장을 빌리자면 사랑에도 기술(art)이 필요하다는 거야. 기계적으로 관리하자는 게 아니라 늘 자기 내면을 관찰하고 감정을 잘 관리하는 거 말이야.

남경태 형은 참 냉철하게 살아. (웃음) 근데 보통 사람들에겐 참으로 힘든 일이거든. 상처가 남잖아, 애정을 준 만큼. 사무적인 관계라면 깨져도 금방 잊어버려. 욕 한마디 던져버리면 그만이고. 그런데 인간적인 유대감이 깊어질수록 생채기도 커지는 거잖아. 합리적으로 봤을 때 그래서는 안 된다는 것도 알지만 마음의 상처가 그걸 인정 못 하는 거지.

고성국 나는 그런 게 소모적이라고 보는 거야. 어쩌면 우리 사회가 전체적으로 합리성이 낮아서 모든 관계가 다 '정'으로 맺어졌기에 더 어려운 건 아닌가 생각해.

남경태 그런가?

고성국 직장 생활을 예로 들어볼게. 그냥 평소 문제없이 잘 다닐 때는 괜찮아. 아까 네가 말한 것처럼 정도 쌓이고 서로 불만이 없지. 그런데 어떤 이유로든 회사를 그만두게 되면 양쪽의 태도가 싹 바뀌거든. 그만둔 사람은 회사 욕을 하고, 회사는 떠난 사람을 내다버린 사람 취급하고, 이게 합리적이지가 않잖아. 친구나 가족 관계도 그래. 기본적으로 사랑과 정으로 맺어졌지만 거기도 합리성이 들어갈수록 훨씬 더 건강해지거든.

예컨대 서양에서는 아이에게도 사적인 공간을 존중해주잖아. 아이 방에 '노크하세요'라고 써 붙이면 그걸 지켜주지. 자식에게도 사생활이 있다는 거야. 하지만 우린 어때? 그렇게 문앞에 써놓으면 이

녀석 무슨 일이지? 하면서 외려 벌컥벌컥 문 열고 들어가잖아. 일기장을 훔쳐보기도 하고. 중·고등학생이 되어도 머릿속에 무슨 생각이 들어 있는지 알아야 직성이 풀리잖아. 이런 비합리가 어디 있어? 문제는 그러다가 서로 부딪칠 때야. 서로 존중하면서 이해하고 넘어갈 일을 죽일 놈, 살릴 놈 하면서 상황을 나쁘게 만드는 일이 비일비재하잖아.

남경태　충분히 공감해. 사려 깊은 사람일수록 정에 휩쓸리지 않고 관계를 잘 유지해나갈 확률이 높지. 하지만 내가 얘기하고 싶은 건 사랑에는 본질적으로 비합리적인 면이 있다는 거야. 예를 들어 우리 집 같은 경우에는 맞벌이하니까 서로 가사 노동을 분담하기로 했어. 그런데 하다 보면 미루는 경우가 생긴단 말이지. 말은 안 하지만 서로 불만이 쌓이고 이게 한순간 터지면서 큰 싸움이 되더라고. 서로 합리적이기 위해 노력했지만 상대방에 대한 기대가 있으니 감정적으로는 잘 처리가 안 되더라고. 그때 생각했지. 이성적으로는 한계가 있다. (웃음) 존 스튜어트 밀이나 에리히 프롬 같은 진보적이고 이성주의적인 사람들은 모르겠지만, 인간에게는 합리성으로 설명할 수 없는 부분이 있단 말이야.

그걸 설명하는 대표적인 사람이 프로이트잖아. 인간에게는 '무의식'이 있다. 만약 유부남인 내가 한 여자를 짝사랑해. 그럼 내 머릿속에선 어떤 생각이 돌아다닐까? 사랑은 고통인가, 행복인가 하는 딜레마에 빠질 수도 있잖아. 내가 저 여자를 사랑하는데 차마 말을 못해.

저 여자를 사랑하는 사람이 나인가, 아니면 말 못 하는 사람이 나인가? 자기분열이 일어나겠지. 하물며 이성 자체가 가당치 않는 무의식의 영역이라면 도대체 무슨 생각이 진짜 내 생각인지조차 헷갈릴 지경일 거야. 욕망에 충실한 내가 있다면 이를 제어하고 통제하려는 내가 있어. 형이 말하는 합리적인 자아가 진짜 나라고 말할 수 없다는 거지. 그래서 인간은 본질적으로 비합리적일 수밖에 없다는 거야.

고성국 물론 사랑은 합리적으로 설명할 수 없는 영역에 존재할 거야. 사랑은 감정이니까. 하지만 인식할 수는 있어. 내가 저 여자를 보며 느끼는 것은 사랑의 감정이지만, '아, 내가 저 여자를 정말 사랑하는구나.' 하는 건 합리성을 추구하는 이성의 영역이잖아. 그때부터는 이 사랑을 어떻게 잘 키워갈 것인지에 대해서 합리적으로 '기술art'을 구사해야 한다는 거야. 이때 상대와 내가 함께 나눌 수 있는 가치 기준이 생기는 거지. 인간이 다 달라서 모든 연인에게 적용할 수 있는 '사랑의 보편적 원칙' 같은 건 없지만 적어도 두 사람 사이에는 미래에 대한 약속과 합의가 있어야 하지 않을까? 예컨대 결혼을 하면 육아와 가사 노동은 어떻게 할 건지 같은.

탈주하는 욕망의 에너지

남경태 그런 합리적인 관계도 가능하지. 그런데 욕망의 영역으로 넘어가면 이게 어려워진다는 건데, 사람이 원래 이기적인 동물이잖아. 쉽게 얘기해서, 여기 물 한 잔이 있어. 그런데 나도 목마르고 옆 사람도 목말라. 마음 같아선 옆 사람한테 주고 싶어. 하지만 나도 인간이니까 이걸 마셔서 갈증을 해결하고 싶은 마음도 있거든. 동시에 두 가지 욕망이 있는 거야. 지하철에서 자리를 양보할 때도 그래. 자리가 하나 났다. 그러면 내가 옆 사람 눈치를 봐. 나도 다리가 아픈데 이 사람에게 꼭 자리를 양보해야 할 필요가 있을까? 하는 생각이 들 거 아냐. 양보하고 싶은 욕망과 힘든 다리를 쉬고 싶은 욕망이 공존하는 거지. 그중 어떤 게 더 진실하다고 말할 수는 없잖아.

고성국　그렇지. 이럴 수도 있고 저럴 수도 있고. 그 선택은 전적으로 개인의 몫이니까. 그래서 문제는 다시 '나'로 돌아오는 거야. 내가 저 사람을 미친 듯이 사랑해. 그래서 결혼을 하고 일정한 약속, 일정한 규칙을 정해서 그걸 지켜나가려고 노력해. 그렇게 합리적으로 문제가 다 잘 해결이 되면 정말 행복한 일이겠지만 실제로는 그렇지 않을 때가 잦거든. 그럴 땐 도대체 내가 어디까지 양보해야 하나 싶은 생각이 들게 마련이지. 그런 의미에서 서로 양보하면서 건강하게 가정을 이끌어가는 부부들이야말로 참으로 대단한 일을 한다고 생각해.

남경태　문학작품에도 이성과 합리성, 도덕 같은 걸로 철저히 무장을 한 사람들이 등장하지. 사르트르 소설 『구토』에 나오는 한 인물이 생각나. 사회적으로 성공하고 가정도 잘 꾸리는 그런 사람이지. 근데 이 사람이 어느 날 새벽에 갑자기 잠이 깨서 일어나. 뭔가 낯선 느낌에 사로잡혀서 말이야. 갑자기 그동안 자신이 쌓아왔던 세속적인 성공이 아무것도 아닌 것처럼 느껴지는 거야. 소설에서는 이런 상황을 사방의 벽이 허물어져 내리는 것으로 묘사돼. 내가 보기에는 그건 잠재된 욕망이 현실을 뒤집는 것처럼 보이더라고. 사실 현실이라는 게 숱한 욕망을 희생한 대가 아니겠어? 그걸 도덕이나 합리성으로 포장할 수는 있지만 마음 깊은 곳에 있는 공허함조차 메우기는 어렵지. 욕망이라는 건 기본적으로 현실에 균열을 낼 수밖에 없거든. 소설은 바로 그러한 순간을 포착한 거지.

그런 의미에서, 좀 과장되게 표현하자면 현실의 자기 모습은 위장된 것이라고 할 수도 있어. 이동순이라는 시인은 "누구나 울고 싶을 때 울고 웃고 싶을 때 웃는다면 세상이 돌아가지 않는다"고 말한 적이 있었지. 욕망을 억압하지 않으면 현실은 존재하기 어렵다는 뜻으로 나는 읽었어. 하지만 그런 억압이야말로 역설적으로 광기를 양산하잖아. 겉으로 보기에는 멀쩡하고 예의 바르던 사람이 어느 날 연쇄살인범으로 TV 화면에 나오는 게 현실이잖아. 기본적으로 인간 주체, 혹은 자아라는 게 단일하지 않고 늘 무의식과 욕망에 흔들리는 것이니까. 그러니 단일한 주체에게서 나온 이성이라는 개념 역시 수정될 수밖에 없는 것 아니겠어. 소위 말하는 '포스트모던'이라는 게 그런 문제의식에서 나온 것이고. 인간 존재라는 게 한순간에도 다기(多岐)한 형태로 존재하기 때문에 많은 것을 욕망해야 해. 하지만 모든 걸 욕망하다가는 남아나는 것이 없으니 적당히 현실과 타협을 해야겠지. 무언가는 억제해야 해.

고성국 내가 늘 하는 얘기지만, 인간은 불완전해. 모든 욕망을 충족시킬 수는 없는 노릇이기에 현실과 타협할 수밖에 없는 측면도 있고. 사회생활을 하는 인간으로서는 불가피한 상황이거든. 이런 갈등을 해결해나가는 게 올바른 사회인 거고. 다만 그 방식이 어떠냐에 따라 그 사회의 건강성을 따져볼 수 있겠지.

우리나라는 어떤 거 같아? 예컨대 많은 사람이 직장 생활에서 받는 스트레스를 술 한잔으로 풀지. 하지만 그때뿐이잖아. 원천적으로는 해소가 안 되는 거야. 나는 퇴근 후에 친구들과 회사 욕을 하면서 스트레스를 푸는 걸 비난할 생각은 없어. 하지만 좀 더 근원적인 해결 방법을 찾아나가는 게 더 건강한 방식이라고 생각해. 그러려면 자신과 자신을 둘러싼 관계를 성찰하는 노력이 필요해. 한순간 배설하듯이 풀고 가다 보면 스트레스는 사라질지 모르지만 문제는 계속 남아 있잖아. 오히려 깊어지지. 그러다 어느 순간 파국이 오는 수가 있다고. 이걸 알면서도 대부분 사람이 그 구조를 짐처럼 그냥 안고 사는 거 같아. 최근 '황혼 이혼'이라는 말이 심심찮게 들리잖아. 그게 뭐겠어. 젊어서는 사회적 시선이나 의무감 때문에 온갖 갈등을 묻어두다가 더는 견디지 못하고 늘그막에 그 짐을 벗어버리겠다는 거 아닐까. 그동안 문제를 해결하는 방식이 건강하지 않았다는 방증이지.

남경태 맞는 말이긴 한데 형은 '욕망'을 전통적인 개념으로 이해하는 거 같아. 내가 원하는 것, 일종의 갈증 같은 것으로 말이지. 하지만 '욕망'을 다른 의미로 해석하는 철학자들도 많아. 플라톤 이래 사르트르까지 전통적으로 철학자들은 욕망을 '결핍'으로 본 데 비해 스피노자라든가 니체, 최근에는 들뢰즈(Gilles Deleuze) 같은 괴짜 혹은 '이단' 철학자들은 욕망을 결핍이 아니라 외려 에너지로 보았어. 그래서 욕망은 곧 탈주인 거야. 비합리적이라거나 반사회적이라는 이유로 욕망을 억누르고 '교화'시키는 데 치중하는 게 아니라 반대로 구조화된 현실을 깨는 에너지로 보는 거지. 현명한 방식으로 탈주하는 건데, 이런 사람들은 거기서 혁명의 동기를 찾아.

우리 사회를 보더라도 실제로 이런 들끓는 욕망을 소외된 지역, 아웃사이더들 사이에서 볼 수 있거든. 이걸 생산적인 에너지로 가져가자, 즉 욕망의 탈주 선을 현명하게 넘어가자는 거거든. '현명하게' 라는 말이 필요한 이유는 욕망의 에너지가 가끔 광기로 치닫기도 하기 때문이야. 헤드스킨족이나 폭주족 같은 게 그런 경우지. 나는 이런 해석이 '욕망의 구조'를 상당히 잘 보고 있다고 생각해. 왜냐하면 그게 좀 더 현실적이거든. 전통적으로 욕망을 억압해야 할 대상으로 보고 이를 주워담으려 했지만 실패했잖아.

술이나 담배라는 말이 들어가면 19금이라고 했던 음반 심의위원회가 그런 거 아냐? 형의 말이 옳긴 한데 뭔가 이상적이라는 느낌이 드는 것도 그런 이유에서일 거야. 형은 완전한 존재인 '신'을 상정하고, 인간은 거기에 미치지 못하고 불완전하다고 말하잖아. 그래서 욕망을 통제해야 한다고 하지만, 오히려 불완전함을 인정하고 욕망에

"'욕망'을 다른 의미로 해석하는 철학자들도 많아. 플라톤 이래 사르트르까지 전통적으로 철학자들은 욕망을 '결핍'으로 본 데 비해 스피노자라든가 니체, 최근에는 들뢰즈(Gilles Deleuze) 같은 괴짜 혹은 '이단' 철학자들은 욕망을 결핍이 아니라 외려 에너지로 보았어. 그래서 욕망은 곧 탈주인 거야. 비합리적이라거나 반사회적이라는 이유로 욕망을 억누르고 '교화'시키는 데 치중하는 게 아니라 반대로 구조화된 현실을 깨는 에너지로 보는 거지."_남경태

대한 통제를 그만두는 게 그 욕망으로부터 자유로워지는 길이 아닌
가 생각한다는 거야. 어차피 모든 게 불완전하다면 불완전이라는 말
은 쓸 필요가 없는 거 아닐까? 욕망은 인간이 합리적으로 통제할 수
없는 거야. 애초에 통제 가능하다는 말 자체가 불가능하고. 나는 그런
해석에 한 표를 주고 싶어. 참는다고 해결될 수 있는 게 아니거든. 예
컨대 "참아라." 하는 계몽적인 해법이 '질풍노도'의 시기인 청소년 다
수에게는 먹힐 수도 있지만, 그렇지 않은 청소년들도 있거든. 마찬가
지로 욕망에 대해 "자의식을 가지고 끊임없이 성찰하라." 이런 말은
특히 미학적으로 감수성이 예민한 애들한테 안 먹혀.

고성국   '성찰'하라는 말이 감정을 버리라는 말은 아니지. 인간은 자기
가 느끼는 감정에 충실해야 해. 사랑도 나름의 합리성을 유지하면서,
서로 느낌을 존중하면서 할 수 있는 거 아닐까.

남경태   그렇지. 문제는 그걸 어떻게 좀 더 현명한 방식으로 풀어가느
냐에 달린 거 같아.

욕망과 이성 사이

고성국   욕망의 문제는 그 정도로 해두고 이번엔 자연과 인간 쪽으로
시각을 넓혀볼까. 동양에서는 인간을 자연 일부로 보잖아. 그래서 인

간의 본능 역시 자연의 순리라고 보았고. 세상의 이치를 '음양의 원리'로 설명했던 동양 사람들이 볼 때 남녀 간의 사랑은 기본적으로 자연의 섭리인 거지. 좋고 나쁜 게 아니야. 그렇게 보면 동양에서는 인간의 사랑에서 생식과 번식의 측면을 강조한 거라고 할 수 있어.

남경태 서양은 기본적으로 인간과 자연을 대립 항으로 놓는 전통이 있잖아. 그래서 사랑 같은 건 자연보다는 인간 고유의 감정이라고 보는 것 같아. 다만, 자연과 인간을 구분 지었듯이 사랑과 같은 감정도 인간의 이성과 구분 지어서 보았던 거고. 인간의 이성이야말로 인간 존재를 동물과 구분 짓는 최고의 미덕으로 여겼지. 플라톤 이래로 2500년 동안의 서양은 이성 중심의 역사라고 해도 과언이 아니야. 반면에, 기독교도 그렇고 욕망과 감정은 부정적으로 보는 경향이 많았지.

고성국 그런데 실제로 그리스 로마 시대에는 꼭 이성이 중심에 있었던 건 아니야.

남경태 물론 예외는 있겠지만 서양철학 자체가 완전히 이성 즉, 로고스잖아. 동양은 사람은 물론 삼라만상이 움직이는 법칙 즉, 천리(天理)가 있었다고 보는 거고. 이걸 인간의 삶에 적용하는 것이 중요한 문제였지. 하늘 아래 인간이 있었던 거야. 그 사이에 천자(天子)가 있는 거고. 그래서 사마천은 천자를 북극성에, 제후를 그 주변을 도는 28개의 별자리에 비유했다고. 그래서 동양철학의 첫 번째 질문이 국가는 어떻게 운영되고 사람은 어떻게 살아야 하느냐 하는 거야.

물론 이미 답은 나와 있어. 천리에 맞춰서, 이치에 맞춰서 살아야지. 그럼 천리와 이치는 누가 결정하나? 바로 권력자, 즉 천자인 거지. 서양철학이 진리를 찾았다면 동양철학은 권력에 의해 규정되는 천리를 부각시킨 거야. 동양 사회가 항상 정치적이었던 이유도 거기에 있고. 이렇게 철학과 세계관이 세속적으로 출발했기 때문에 동양에서는 인간의 욕망에 대해 서양보다는 좀 더 인정을 해줬던 것 같아. 금욕주의라는 것도 서양에서 비롯된 관념이고. 서양은 욕망을 이성으로 눌러야 할 것으로 생각했지만 동양에서는 어찌 됐든 자연의 일부라고 본 거 같아.

고성국　그렇다면 사랑과 욕망의 차이는 무엇일까?

남경태　욕망은 사랑의 한 부분이겠지. 하지만 스피노자나 그의 사상을 이어받은 들뢰즈 같은 사람들에게 욕망은 사랑보다 더 넓은 개념이야. 하나의 에너지지. 에너지는 방대하지만 방향이 없잖아. 그냥 고여 있는 거지. 그 자체로 좋고 나쁜 게 아니야. 그래서 철학적으로 이걸 어떻게 바라볼 것인가에 대해 많은 논쟁이 이어져. 서양철학에서는 이 욕망이 매우 부정적으로 인식됐어. 하지만 20세기에 들어 이성 중심의 역사가 가지는 한계를 보자 사람들의 생각이 바뀌기 시작했어. 여기에는 마르크스의 주장도 많은 기여를 했지. 마르크스가 보기에 서양의 이성 중심주의는 인간성 상실로 이어져. 공장이 세워지고 저임금 노동자들이 늘면서 몇몇 자본가를 제외한 많은 노동자가 착취를 당해. 이전에는 산업혁명과 과학혁명이야말로 눈부시게 빛나는 이성의 산물이라고 강조했잖아. 그런데 막상 그 이성이 초래한 결과를 보니 그게 아니더라는 거야.

오히려 자본주의가 인간의 욕망을 끊임없이 자극하며 재생산되는 현실을 보면서 철학자들은 '욕망' 자체에 눈을 돌리기 시작했어. 들뢰즈 같은 사람은 아예 인간 존재를 욕망으로 설명해. 인간의 비합리성을 인정할 때가 되었다고 선언하면서 말이지. 이건 비단 철학에서만 생긴 흐름이 아니야. 놀랍게도 인간 이성의 총아라고 할 수 있는 과학에서 주체와 이성 자체에 대한 의문을 품기 시작해. 하이젠베르크의 '불확정성의 원리'같은 게 그거야.

이러저러한 과학적 발견들은 기존의 합리성, 자기동일성, 확실성 등에 대한 개념을 송두리째 뒤흔드는 결과를 낳았어. 사람들은 인간 이성에 대해 존재의 동일성에 대해 회의하기 시작해. 대신 불확실성, 우연성, 욕망 같은 것들에 관심을 돌리게 되지. 얘기가 길어졌는데 과거에는 욕망을 거추장스럽고 불합리한 것으로 생각해서 순수하고 고결한 사랑, 이성적이고 계몽적인 사랑을 강조했지만, 지금은 욕망의 한 모습으로서 사랑을 바라보기도 한다는 거야.

고성국　그렇군. 근데 만약 욕망이라는 게 그렇게 강력한 에너지라면, 우리가 이걸 조절할 수 있기는 한 걸까?

남경태　예컨대 어떤 여자와 사랑에 빠졌어. 그걸 나도 알아. 통제가 전혀 안 되는 것도 아니야. 이성적으로 생각하지. '어떻게 하나?' 난 어렵다고 봐. 통제를 한다 하더라도 욕망이 잠깐 무의식 안으로 내려가는 정도겠지. 언제 어떻게 터질지 모르는 거야.

고성국　그때는 마음 가는 대로 해야지.

남경태　그런데 어떤 게 진짜 내 마음인지 모르겠거든. 계속 분열되는 거야. 빠지고도 싶고, 안 빠지고도 싶고. 보통 그렇지 않나?

고성국　빠지고 싶은 '마음'과 빠져서는 안 된다고 하는 '이성'이 싸우는 거겠지. 그래서 성찰이 필요한 것 아닐까. 지금 끌리는 대로 하지 않으면 평생 후회할 것 같다. 하지만 정말 그런가? 하는 의심도 한번 해봐야 한다는 거지.

남경태　그런데 감정을 이성으로 판단하는 게 맞나? 왜곡할 수도 있잖아. 평소 모험을 두려워하는 사람이라면 보나 마나 '이러면 안 돼!' 하면서 포기할 테고. (웃음)

고성국　이성으로 판단하라는 것이 아니고, 자기를 들여다봐야 한다는 거야.

남경태　그 성찰이 감정을 포괄할 수 있나?

고성국　그 이상이지. 그 순간까지 살아온 나의 모든 경험과 나 자신에 대한 모든 확신, 또 나에 대한 자존감, 자긍심, 그리고 지금 내가 느끼는 감정을 왜곡하지 않고 함께 들여다보는 거지. 그랬을 때, '이 사랑을 하지 않으면 안 된다'라면 그렇게 갈 수밖에 없다는 거야. 비록 비극이 예정되어 있다 하더라도. 그게 인간이지.

남경태　때로는 그 결과가 반사회적이라 할지라도?

고성국　결과는 스스로 책임을 져야겠지. 그런데 '반사회적'이라는 것도 사실은 상대적인 개념이거든. 지금이야 일부일처제가 당연한 것처럼 여겨지지만 예전에도 그랬을까? 그리고 예전에도 지금처럼 서로 좋아서 결혼하고 가정을 꾸리는 게 일반적이었을까? 일례로 우리 부모님 세대는 남편 얼굴도 모르고 결혼을 했잖아. 그런 게 가능했던 것은 기본적으로 남녀의 사랑이라는 게, 아까도 잠시 얘기했지만 자연의 섭리니까 그저 주어진 조건에 순응하면 된다고 생각했기 때문이겠지. 그래서 앞으로 행복하게 살 수 있는지 없는지를 사주로 확인해본다든가 하는 일이 비일비재했어. 그게 동양적인 자연관에서 보면 합리적이라는 거야. 절대 미신이 아니지. 서양적 가치관에서 보면 비합리적이라고 비판할 수도 있겠지만 이러한 동양의 방식에는 넉넉함이랄까, 그런 것들이 분명히 존재했다고. 동양의 사랑이 개인의 감

"그 순간까지 살아온 나의 모든 경험과 나 자신에 대한 모든 확신, 또 나에 대한 자존감, 자긍심, 그리고 지금 내가 느끼는 감정을 왜곡하지 않고 함께 들여다보는 거지. 그랬을 때, '이 사랑을 하지 않으면 안 된다'라면 그렇게 갈 수밖에 없다는 거야. 비록 비극이 예정되어 있다 하더라도. 그게 인간이지." _고성국

정을 배제하는 것처럼 보는 건 잘못된 편견이야. 게다가 우리가 전통이라고 생각하는 것들이 사실은 조선시대 도덕주의적인 윤리철학의 영향을 받은 것들이잖아.

가족의 탄생

고성국   성에 대한 엄격함과 남성 우월주의를 전통이라고 생각하게 된 배경에는 그럴 만한 이유가 있지. 하지만 그 이전, 고려시대에만 해도 남녀 관계는 매우 수평적이었고 성 문화도 조선시대보다 건강했지. 삼국시대도 마찬가지야. 그런데 이렇게 역사를 계속 거슬러 올라가 보면 동서양이 공통으로 만나는 지점이 있어. 바로 모계사회지. 그곳에서 '가족'이 시작되잖아?

남경태   모계사회가 가족의 출발점인 데는 이유가 있어. 애 아빠는 누군지 모르잖아. (웃음) 지금처럼 DNA 검사를 할 수도 없는 거고. 하지만 애 엄마는 확실하니까. 엄마 뱃속에서 나오는데 그걸 누가 부정할 수 있겠어. 그러니 당연히 모계를 중심으로 혈통이 이어졌겠지.

고성국   아까 말했듯이 지금은 반사회적이라고 생각되는 가족의 형태가 모계사회에는 존재했다는 거야. 엄마는 하난데 아빠가 여럿인 거지. 지금으로서는 도저히 상상이 가지 않는 일이지만, 이런 모계사회가 나중에 시작된 부계사회보다 훨씬 건강했다고 생각해. 기본적으로 남자가 여자를 지배할 수 없는 사회였거든. 그렇다고 해서 반대로 여성이 남성을 소유했느냐? 그런 것도 아니거든. 그런 점에서 나는 '여성성'이야말로 미래의 가능성이라고 생각해. 무엇을 '지배'하려 하지 않는다는 점에서 말이야.

남경태 그 당시에는 아마 지배라는 개념도 없었을 거야.

고성국 하지만 부계사회로 변하면서 상황은 달라져. 힘의 지배가 실행되면서 남성이 여성을, 같은 남성끼리도 강한 남성이 약한 남성을 지배하게 되잖아. 여성성은 일단 '힘의 논리'에서 상대적으로 자유롭거든. 그 점에서 나는 여성성이 우위에 서는 사회가 더 진보적인 사회라고 생각해. 우리가 흔히 21세기를 여성성의 사회라고 하기도 하고, 생물학적인 성과 상관없이 '사회적인 모성'이라고 하는 말도 쓴단 말이야. 이런 흐름은 과거 남성 우위의 사회에서 짓밟힌 여성의 지위를 회복한다는 의미를 넘어 인류가 성적으로 자유롭고, 평등한, 그리고 사회적으로 좀 더 진보된 인간관계를 추구한다는 넓은 의미로 이해해야 하는 거 아닌가 하는 생각이 들어.

남경태 크게 보면 '민주화'된다는 것과 같은 의미로 읽히네. 사회의 민주화나 가정의 민주화도 그런 식이지.

함께하는 사랑의 즐거움

고성국　잠시 거창한 얘기를 접고 청소년기의 감성으로 돌아가 얘기를 해볼까 하는데, 난 개인적으로 '사랑'하면 어렸을 때 읽은 황순원의 「소나기」생각이 많이 나. 그 어린 친구들이 나누던 풋풋하고 애틋한 사랑 얘기 말이야.

남경태　알퐁스 도데의 「별」과 비슷한 얘기지요.

고성국　이성과의 사랑에 처음 눈뜰 때가 사춘기잖아. 그 시절 가졌던 사랑의 느낌, 사랑의 감정 같은 건 평생을 간다고. 개인으로 봤을 땐 굉장히 소중한 경험이야. 뜬금없이 이 얘길 하는 이유는 요즘은 사랑에 대해 갖는 순수함, 애틋함이 존중받지 못하는 거 같아 안타깝기 때문이야. 사실 걱정도 되고.

남경태　요즘 친구들이야 워낙 만날 기회도 많고 인식 자체가 개방되어 있으니까.

고성국　게다가 「소나기」에서처럼 업고 건널 만한 개울도 없잖아. (웃음)

남경태　그래도 지금이나 그때나 감성은 비슷하지 않을까? 겉으로는 쉽게 만나고 헤어지는 것처럼 보여도 하나하나 들여다보면 나름대로 순박하고 애틋한 사랑들을 하고 있을 거야. 표현은 못 하고 애만 태우면서 지켜보기도 하고……. 그런 마음은 시대를 뛰어넘어 사랑을 느끼는 존재라면 누구나 한번은 경험했을 법한 이야기라고 생각해. 그런 마음조차 없을 만큼 삭막해지지는 않은 거 같아.

고성국　하긴 요즘 나오는 가요에서도 그런 짝사랑을 표현한 가사들이 여전하더군. 우리 때나 지금이나 형식은 달라도, 그게 랩이든, 하드락이든, 발라드든, 담긴 마음은 비슷한가 봐. 그러니 젊은 세대들이 그런 노래에 호응하는 거겠지. 자기 경험을 얘기해주니까.

남경태　누구나 그런 애틋한 사랑의 감정은 소중하게 생각한다는 얘기야.

고성국　그렇지. 그래서 난 청소년기에 그런 마음을 건강하게 잘 가꾸어 갔으면 하는 거지. 나이가 들어서 보면 그때의 감정이 참 소중하게 느껴지더라고. 반면에 어렸을 때 그런 감정을 어른들로부터 존중받지 못했다는 생각에 아쉬움이 많아. 괜히 부끄러운 것으로 치부하기도 했지.

남경태　그런 사랑을 가르쳐야 하는데……. 내가 고민하는 것도 그런 거야. '사랑'을 가르칠 순 없을까. 보이지 않는 것을 사랑하게끔 도울 순 없을까. TV에서 아프리카 난민들에 대한 내용을 보아도 그때뿐이야. 돌아서면 사라져버려. 이런 걸, 타인의 불행에 대한 연민의 감정을 가르칠 수 있는 좋은 방법이 있을까?

 나는 봉사활동이 굉장히 중요하다고 생각해. 꼭 아프리카까지 가지 않더라도, 가까운 노인정, 보육원, 장애인 시설에 가도 좋아. 부담 갖지 말고 할 수 있을 만큼, 한두 시간이라도 좋아. 진심으로 봉사활동을 하는 거야. 그러면 아이들은 느껴. 어른보다 훨씬 더 마음이 열려 있기 때문에.

지금도 선명하게 기억하는 장면이 있는데, 내 친구가 오랫동안 장애인 목회를 했어. 안동에 있는 중증장애인 시설에 조그마한 방을 교회로 꾸미면서 17년간 목회 활동을 했지. 한번은 무작정 찾아갔는데 예배를 보고 있더라고. 그런데 설교를 빼고 모든 과정을 중증장애인들이 직접 하는 거야. 그분들은 장애가 심해서 말을 잘 못해. "어어~" 하는 소리로 찬송도 하고 기도도 하면서 예배를 하는 거야. 충격을 받았지. 세상은 아는 만큼 보인다는 걸 실감했어. 이 세상에는 내가 아는 것과 완전히 다른 세상에서 사는 사람들이 있다는 걸 느꼈지. 어린 시절에 그런 경험을 한다면 세상을 보는 마음이 좀 더 따뜻해지지 않을까. 어떤 목적으로 하는 게 아니라, 진심으로 즐겁게 봉사 활동을 한다면 커다란 의미와 희망과 즐거움을 느끼게 되리라고 생각해. 그런 경험은 함께할수록 좋아. 이런 경험을 통해 자기 가족만 챙기는 동물적 사랑에서 좀 더 인간적인 사랑으로 넓어지는 경험을 할 수 있을 거야.

"나는 봉사활동이 굉장히 중요하다고 생각해. 꼭 아프리카까지 가지 않더라도, 가까운 노인정, 보육원, 장애인 시설에 가도 좋아. 부담 갖지 말고 할 수 있을 만큼, 한두 시간이라도 좋아. 진심으로 봉사활동을 하는 거야. 그러면 아이들은 느껴. 어른보다 훨씬 더 마음이 열려 있기 때문에." _고성국

"인간 세계도 그런 '정글의 논리'로 설명하려는 사람들이 많아. 효율성을 따지고 적자생존의 논리를 신봉하는 사람들, 그들 논리를 따르자면 장애인도 다친 사자와 마찬가지로 쓸모없는 존재가 돼. 아직도 그런 사랑 없는 '정글의 논리'가 횡행하는 현실이 안타까워." _남경태

사랑하라, 젊음이여

남경태 사실 인간의 태생이 동물이라는 존재론적 한계를 뛰어넘을 수 있는 것도 바로 사랑 때문이 아니겠어? '동물의 왕국'은 그야말로 무자비하잖아. 사자들 무리에서 다리 다친 사자는 죽어야 해. 가치가 없으니까. 인간 세계도 그런 '정글의 논리'로 설명하려는 사람들이 많아. 효율성을 따지고 적자생존의 논리를 신봉하는 사람들, 그들 논리를 따르자면 장애인도 다친 사자와 마찬가지로 쓸모없는 존재가 돼. 아직도 그런 사랑 없는 '정글의 논리'가 횡행하는 현실이 안타까워.

고성국 인간 사회를 경제성과 효율성과 합리성이라는 척도만으로 재단하기 시작하면 그렇게 되는 거야.

남경태 소위 '경쟁력'을 가지지 못한 많은 사람이 그렇게 희생의 대상이 되는 거지. 장애인뿐만 아니라 경제적으로 능력이 없는 사람들, 예컨대 노숙인, 소년소녀 가장, 독거노인 같은 분들……. 오로지 성장과 효율성만 내세우는 사람들의 눈에 그들은 '다친 사자'처럼 보일 거라고. 그러니 도와줄 이유도 없는 거지. '무능한 사람들을 왜 내 돈으로 돌보나? 쌀만 축내며 여생을 보낼 게 뻔한데.' 이런 식이잖아. 하지만 우리가 그들을 돌봐야 할 이유가 분명히 있잖아. 같은 인간이니까. 공동체를 유지하기 위한 의무로 생각해야지. 그래야 우리가 '동물의 왕국'에서 벗어날 수 있는 거 아니겠어.

고성국 아주 원시적인 사회에서 시작해서 소위 '만물의 영장'이 되기까지 우리가 여기까지 온 힘은 또 어디에 있었을까? 우선 쉽게 떠올릴 수 있는 게 '이성' 즉, 지식이잖아. 도구를 만들고 불을 이용하고…….

남경태 문명을 일군 거지.

고성국 그렇지. 하지만 그게 다는 아니야. 인간에게는 또 다른 힘 즉, 감성이 있잖아. 예술이야말로 인간을 인간이게 한 힘이 아닐까. 그런데 이 예술이라는 게 오래전부터 인간의 사랑을 표현해왔던 거야.

남경태 예술가 대부분은 지독한 사랑 속에서 예술혼을 불태웠고.

고성국 심지어 괴테는 여든 살이 넘어서까지 17세 소녀와 불같은 사랑을 했다고.

남경태 미켈란젤로는 평생 독신이었지만 숱한 사랑을 했고.

고성국 그렇게 이성과 감성이라는 두 개의 축으로 인류의 삶을 진보시켜왔다면 앞으로도 그래야 하지 않겠어. 이성과 감성, 다른 말로 하자면 '지식과 사랑'을 계속 발전시켜 나가야 하는 거지. 그래서 우리는 계속 배워야 하고 무한히 사랑해야 하는 거야. 그 찬란한 출발점이 바로 청소년기에 있는 거고.

남경태 그런데 현실에서는 지식 교육뿐이잖아. 사랑을 배울 기회가 없어.

고성국 그래서 우리 교육이 '절름발이 교육'이라는 거야. 정말 건강한 사랑을 할 수 있는 사회는 잘못될 수가 없어. 그렇지 않아? 그런 의미에서 나는 사랑 예찬론자야. 그래서 젊은 친구들을 만날 때마다 꼭 이렇게 말해주고 싶어. "사랑하라, 젊음이여!"

남경태 사랑하라, 젊음이여!

2

죽음을 성찰하는 건강한 삶

죽음에 관한 기억

남경태 형은 자살 생각해본 적 있어? 청소년기에 한두 번쯤은 생각하잖아. 아닌가?

고성국 자살을 생각해본 적은 없는 것 같아. 죽음에 관한 기억은 있지. 어렸을 때는 어머니, 아버지가 갑자기 돌아가시면 어떻게 될까? 하는 생각을 했던 거 같아. 그러다가 초등학교 1학년 때 집안 어른 한 분이 돌아가셨는데 그때 처음 죽음이라는 걸 실감했어. 막연하지만 겁났던 거 같아. 그런 두려움이 어른이 될 때까지 계속 머릿속 어딘가에 남아 있더라고.

남경태 개인적인 얘기를 좀 하자면 난 아버지랑 별로 안 친했어. 막내였는데도 말이야. 보통 막내들이 부모님과 관계가 좋지 않나? 아무튼 그랬는데도 늘 아버지가 퇴근이 늦으시면 교통사고라도 당하신 게 아닌가 하고 걱정했어. 지금은 돌아가신 아버지가 들으시면 섭섭하시겠지만, 엄밀하게 따져 보니 아버지의 안위를 걱정해서라기보다는 나 자신 때문이었던 거 같아. 당시는 대학을 가야만 성공할 수 있다는 분위기였는데, 만약 아버지가 돌아가시면 진학을 못하잖아, 내가. 솔직히 그런 마음에서 아버지가 계속 살아계셔야 한다고 생각했던 거 같아.

 내가 죽음을 깊이 생각하게 된 건 대학원생 때야. 그때 친구 다섯 명이 한꺼번에 죽었어. 사고였는데 물놀이를 갔다가 가족들과 함께 그만 그런 일을 당한 거야. 소식을 듣고 급하게 달려간 현장에선 잠수부들이 시신을 건져 올리고 있었지. 굉장한 충격이었어. '아! 이게 죽음이구나.' 자연스런 죽음이 아니고 돌연사잖아. 그 사실을 받아들이기가 무척 어려웠어.

죽음에 대한 또 한 번의 강렬한 기억은 고문과 관련이 있어. 그런 일이 있은 지 1년 후에 남영동 대공분실에서 23일 동안 조사와 고문을 당했거든. 박종철 열사가 죽은 바로 그 장소에서, 동지들의 이름을 대라며 잠을 안 재우고 계속 신문을 해. 그러다 잠깐 졸고 또 찬물 뒤집어쓰고 하면서 비몽사몽 버티는데 그때 죽었던 친구들이 나타나는 거야. 그러면서 오기가 생기더라고. 그렇게 비명횡사한 친구들도 있는데 내가 이런 상황 하나 못 버티겠느냐는 심정. 그렇게 그 시간을 버텼던 기억이 나.

 '고문' 하니까 지금 번역하고 있는 책의 지은이인 파울루 프레이리가 생각나네. 『페다고지』라는 책을 쓰기도 한 그 사람이 조카에게 쓴 편지에 이런 말이 나와요. 거기도 우리나라랑 상황이 비슷했던 모양이야. 당시 라틴아메리카가 정치적으로 불안했잖아. 1964년에 쿠데타가 일어나고 군사독재가 시작됐지. 그 와중에 정권에 저항하다 붙잡혀서 고문을 당했겠지. 그러면서 하는 말이 고문은 사람의 심신을 분리시킨다는 거야. 그래서 정신은 그렇지 않더라도 몸은 적의

편으로 넘어간다면서 그걸 일종의 '소외'로 보더라고. 고문의 잔혹성과 비인간성을 고발한 얘기겠지.

고성국 사실 고문은 영혼을 죽음으로 끌고 가기도 해. 민주화 운동이 한창이던 시절에 고문을 받은 사람 중에 지금까지 정신적인 고통으로 힘들어하는 사람들이 있어. 고문을 견디다 못해 동지가 있는 곳을 말했거나 한 사람은 평생 죄책감에 시달리는 거지.

남경태 하필이면 그걸 알고 있던 자기가 원망스러웠겠네.

고성국 그렇지. 그런 고통 속에 놓인 사람은 영혼의 죽음을 경험한 거나 다름없어. 어떤 친구는 그런 정신적 고통을 이기지 못해 정신병자가 되었지. 후에 국가를 상대로 손해배상 청구 소송을 해서 승소했지만 여전히 후유증이 남아 있어. 자포자기한 심정에서 독재정권의 앞잡이 역할을 한 경우도 있고. 마치 일제강점기 때 일본군 앞잡이 노릇을 하던 사람들처럼 말이야.

남경태 전향한 사람이 더 무서워.

고성국 그러나 그보다는 고통을 딛고 일어나 다시 민주화 운동을 하는 사람들이 더 많았어. 고(故) 김근태 같은 분이 그렇지. 참 힘든 일이야. 한 번 그런 극한의 경험을 한 사람에겐 늘 죽음의 공포가 따라다니거든. 이런 공포심은 우리 현대사에 고스란히 남아 있어.

남경태 내겐 죽음에 대한 공포가 폐소공포증 비슷한 거였어. 죽으면 보통 관에 들어가잖아. 그 생각만 하면 답답해 죽겠는 거야. 물론 어렸을 때 얘기지만, 죽고 나면 의식이 없다는 걸 알 만한 나이였는데도 그런 느낌이었어. 그리고 또 하나는 종교와 관련이 있는데, 기독교에서 지옥을 말하잖아. 예수를 믿지 않으면 영원히 지옥불의 고통을 받게 된다는 거지. 그런데 문제는 '영원히'라는 말에 있어. 불이 고통을 준다는 건 알겠지만 죽지도 않고 영원히 고통을 받는다는 건 무슨 말이지? 고통과 공포가 무서운 이유는 궁극적으로 죽음이 있기 때문이 아닐까?

고성국 종교에서는 영생에 대한 확신이 있으면 감각적 아픔은 넘어설 수 있다고 하잖아.

남경태 지옥불에서도 죽지 않으면 영생 아닌가? (웃음) 어쨌든 현실에서 죽음은 그 누구도 피해갈 수 없는 것이지.

죽음과 종교

고성국 죽음 앞에서는 모든 인간이 불완전한 존재일 수밖에 없어. 누구도 부정할 수 없는 명백한 한계지. 인간의 능력 밖이야. 그래서 나타난 게 신(神)이잖아. 죽음을 인간의 차원에서 이해하고 소화시킬 거냐, 아니면 인간을 넘어서는 어떤 힘에 의지할 거냐가 유신론자와 무신론자를 가르는 출발점이야.

남경태 한 달쯤 전에 인도 전문가로부터 재미있는 말을 들었어. 인도의 전설에 관한 건데 내용이 이래. 원래 인간은 죽지 않았대. 그런데 살다 보니까 너무 지겨운 거야. 그래서 신에게 빌었대. 제발 인간에게 죽음을 달라고. 그래서 신이 죽음을 하사했다는 거야. 처음 들었을 땐 황당했지만 나중엔 이해가 가더라고. '과연 죽음 없이 인간이 행복할 수 있을까?' 하는 의문을 품게 되는 거지. 앞서 얘기했던 영국의 칼럼니스트는 죽음의 공포란 태어나기 전의 상태를 두려워하는 것과 비슷하다고 주장해. 의식이 없을 때잖아. 맞는 말 같기도 하고 헷갈리는데, 아무튼 그래서 그는 죽음을 두려워할 필요가 없다고 하지. 태어나지도 않은 상황을 두려워할 이유가 없듯이. 근데 그게 말이 쉽지 세상에 죽음이 두렵지 않은 사람이 어디 있겠어.

고성국 인간이 죽음에 대해 느끼는 두려움의 실체는 과연 뭘까? 신체적 고통? 그렇다면 자살하는 사람들은 그런 신체적 두려움이 없는 사람들일까?

남경태 꼭 그런 것만은 아니겠지. 세상엔 고통 없이 자살할 수 있는 방

"'과연 죽음 없이 인간이 행복할 수 있을까?' 하는 의문을 품게 되는 거지. 앞서 얘기했던 영국의 칼럼니스트는 죽음의 공포란 태어나기 전의 상태를 두려워하는 것과 비슷하다고 주장해." _남경태

법이 널려 있으니까.

고성국   혹시 자기 존재가 없어지는 것에 대한 두려움은 아닐까? 죽음과 동시에 내 존재가 끝난다고 생각했을 때 느껴지는 일종의 허무함, 허탈감일 수도 있다고 생각해. 그래서 종교에서는 끊임없이 재생(再生)을 말하는 거 같아. 기독교는 천국을 말하고, 불교는 윤회와 환생을 말하잖아. 유교에서조차 "사람은 죽어서 이름을 남긴다"고 설명하거든. 세상에서 그냥 사라지는 게 아니라는, 일종의 위로인 셈이지.

남경태   기독교도들도 죽음을 두려워하잖아. 천국 가는 데 두려워할 일이 있나? 어쩌면 사람들은 신을 믿는 게 아니라 믿는 척하는 건 아닐까? 현실에서의 두려움을 잠시 잊으려고.

고성국   기독교만 하더라도 내세로 가려면 현세에서의 기준을 충족시켜야 해. 아무나 천국 가는 게 아니잖아? 금욕적인 생활을 하는 거지. 불교도 마찬가지야. 죽음으로부터 자유로워지려면 해탈로 가야 하는 거거든. 그러려면 끊임없는 수양이 필요하지.

남경태   그렇게 보면 모든 종교에서 현실의 삶은 내세를 준비하는 기간인 거지.

고성국   유교는 좀 예외적인 거 같아. 공자는 "내가 사는 세상도 다 모른다”며 죽은 다음의 세상에 대해서는 묻지 말라고 했거든.

남경태 중국 철학이 의외로 현실적이라니까. 신도 없고 내세가 없어. 그런데 내세가 있느냐 없느냐에 따라 종교와 이데올로기로 나뉘는 건가?

고성국 그렇지. 모든 이념에는 현실의 삶 속에서 완전체를 구현하겠다는 의지가 들어 있거든.

남경태 그런 기준으로 본다면 유교는 종교라기보다 정치 이데올로기에 가까워.

고성국 그런데 문제는 종교를 통해 인간이 죽음의 문제를 정말 해결했느냐는 거야. 어떤 것 같아?

남경태 그래 보이지는 않아. 죽은 후에 더 좋은 세상이 있다고 말하면서도 사람들은 현실 속에서 세속적인 부를 추구하잖아. 종교가 그런 욕망에 면죄부를 주는 역할을 하고 있고. 그런 사실이 못마땅한 사람들은 어차피 천국 갈 텐데 살아서 뭐하느냐며 비아냥거리기도 해. 도대체 현세가 내세에 종속된 건지, 내세가 현세에 종속된 건지 모르겠어.

고성국 거기에 대해 기독교에서는 하나님이 생명을 거둬가기 전까지,

마지막 한순간까지 성실하게 살아야 한다고 말하지.

남경태 그런 생각이 칼뱅주의에 이르러 자본주의를 합리화하는 이데올로기로 작용하고.

고성국 옳건 그르건 모든 종교가 내적인 논리를 가지고 있다고 봐. 쉽게 반박하기가 어렵지. 그런데 나는 신앙이 깊었던 분들, 이를테면 김수환 추기경이나 법정이나 성철 같은 고승들도 정말 죽음에 대한 두려움이 없었을까 궁금해.

남경태 없었을 것 같기도 하고 있었을 것 같기도 한데.

고성국 나는 그분들도 죽음에 대한 두려움이 있었을 거로 생각해. 그분들도 신이 아니니까. 죽음과 이후의 삶에 대한 두려움을 신앙으로 이겨냈겠지. 어느 순간 그런 고민이 정리된 때가 있었겠지만 그렇다고 그분들이 신처럼 살았다고 할 수는 없겠지.

두려움의 원천인 존재의 유한성

남경태 종교가 인간을 죽음에 대한 공포로부터 완전히 해방시켰다고 보기 어렵다는 거네.

고성국 나는 그렇다고 생각해. 그건 모든 생명체의 운명이지. 인간만이 존재가 유한한 건 아니잖아? 오히려 개체 차원이 아니라 종의 차원에서 보면 생각을 달리할 수도 있지. 개체의 죽음으로 종의 생명이 연장된다고 할 수도 있으니까. 곤충의 세계를 잠시 들여다볼까. 사마귀 수컷은 짝짓기가 끝나면 자기 몸을 암놈한테 주잖아. DNA를 유전적으로 이어가기 위해서지. 그렇다면 사마귀 수컷에게 죽음이란 어떤 의미일까? 아마도 죽음에 대한 자의식은 기대하기 어렵겠지만, 본능적으로 자기 육체를 사마귀라는 종의 증식을 위한 DNA의 매개쯤으로 생각하는 거 아니겠어.

남경태 원시적인 생명체들은 대게 그런 거 같아. 베르나르 베르베르의 『개미』라는 소설을 재미있게 읽었던 기억이 나는데, 거기서 저자가 이런 말을 해. "개미에게는 인간이 생각하는 개체의 관념이 없을지도 모른다. 개미집 자체가 하나의 유기체일 수도 있다"고 말이야. 잘 알려졌다시피 개미들은 각각의 역할이 정해져 있잖아. 어떤 개미는 자기 머리로 집의 입구를 틀어막아 적이 침입하는 속도를 늦춰. 인간의 관점에서 보면 자기희생인데 작가는 그렇다기보다 개체의 관념이 다른 거라고 봐. 예를 들어 손톱이 손가락에 달려 있을 때는 신체의 일부지만 손톱깎이를 들이댄다고 해서 손톱이 겁을 먹지는 않잖아. 개미의 개체들은 그렇게 볼 수 있다는 거야. 그렇다면 개체의 죽음에 대한 관점도 달라지지.

고성국　개미와 벌 같은 곤충들도 인간과 유사한 군집생활을 하지만 자의식이 없는 존재지. 인간을 구분 짓는 가장 결정적인 기준도 그거라고 생각해. 자의식이 있다는 건 타자의식이 있다는 뜻이기도 하지. 나와 내가 아닌 다른 것이 존재해야 비로소 '관계'가 생기잖아. 이런 자의식 타자의식이 없으면 아무리 모여도 관계가 생길 수 없지.

남경태　역할 분담만 있는 거지.

고성국　그래서 난 인간의 출발을 자의식이라고 봐. 자의식이란 게 뇌세포의 발달에 의한 생물학적인 진화 과정일지 모르지만, 그 결과는 인간 존재를 규정하는 엄청난 진보였어. 우선 나와 타인에 대한 개념이 생기면서 관계와 사회가 구성되고, 어제의 나와 내일의 나를 생각할 수 있는 시간 개념이 생기면서 역사가 만들어지거든. 사회와 역사야말로 인간을 인간이게 하는 가장 기본적인 요소가 아닐까. 그런데 이 모든 것의 출발점인 '자기 존재의식'과 '자의식'이 사라진다고 생각해 봐. 죽음이야말로 그런 근원적인 두려움을 불러일으키는 가장 직접적인 계기겠지. 그렇기 때문에 아무리 종교에 의지한다고 해도 죽음의 공포는 완전히 해소되기는 어렵다고 봐. 스스로 이 문제와 직면해서 어떻게든 해답을 찾아야 하는 거지.

남경태　그 말을 들으니 어렸을 때 경험이 생각나네. 내가 초등학교 5, 6학년 때 천문학에 빠져 지낸 적이 있었어. 별에 대한 호기심이 커서 책도 열심히 읽었는데 보니까 태양도 영원히 사는 게 아니라는 얘기가 나오는 거야. 약 50억 년쯤 지나면 점점 부풀어 올라서 결국엔 폭발해버린다는 거야. 일단 무섭다는 생각이 들더라고. 태양이 사라진다니……. 그런데 또 한편 생각해보니 50억 년이라는 시간이 엄청나게 긴 거야. 내가 아무리 오래 살아도 100년을 넘기진 못할 텐데 거기에 비하면 무한에 가까운 시간이었던 거지. 그런데 그렇게 생각해도 두려움은 남았어. 태양이 부풀어오를 때 나는 이미 오래전에 죽고 없겠지만 누군가, 인간일지, 인간 이후의 생물일지 모르지만 지성체가 남아서 지구의 종말을 볼 거잖아. 누군가 최후는 보지 않겠어? 그 이전에 종말이 오더라도 누군가는 존재해서 그걸 보겠지. 그 누군가의 엄청난 슬픔과 종말의 비애……. 어릴 때였는데도 그런 생각을 하니 무섭더라고.

고성국　시작이 있기 때문에 끝이 있고 끝이 있다면 또 다른 시작이 있겠지.

남경태　그런 자의식이 원시 인류에게도 있었겠지? 그래서 지금 당장 먹어치우는 대신 미래를 대비해 식량을 비축하고 그랬을 거 아니야. 하지만 그들도 그 문명과 역사의 끝을 상상했을까? 예컨대 지구의 종말, 인류의 종말 같은 것들 말이지. 내 생각엔 그들 역시 우주 속에 유한한 존재인 인간에 대한 자의식이 있었을 거 같아. 지금도 멸망 즉, '끝'에 대한 근원적인 불안이 있고.

"난 인간의 출발을 자의식이라고 봐. 자의식이란 게 뇌 세포의 발달에 의한 생물학적인 진화 과정일지 모르지만, 그 결과는 인간 존재를 규정하는 엄청난 진보였어. 우선 나와 타인에 대한 개념이 생기면서 관계와 사회가 구성되고, 어제의 나와 내일의 나를 생각할 수 있는 시간 개념이 생기면서 역사가 만들어지거든. 사회와 역사야말로 인간을 인간이게 하는 가장 기본적인 요소가 아닐까. 그런데 이 모든 것의 출발점인 '자기 존재의식'과 '자의식'이 사라진다고 생각해 봐. 죽음이야말로 그런 근원적인 두려움을 불러일으키는 가장 직접적인 계기겠지." _고성국

고성국　아인슈타인처럼 위대한 과학자들도 말년엔 종교로 귀의하잖아. 나는 정도의 차이는 있지만 인간 내면에 '절대자'에 의탁하지 않고서는 견뎌내기 어려운 심연 같은 게 있다고 봐. 우주 속에 작은 행성에 불과한 지구, 그리고 그 속에서 유한한 존재로서의 운명을 지니고 살아가는 나약한 인간…….

희망 없는 존재의 선택

남경태　개인적으로 공황장애를 심하게 겪은 적이 있어. 2003년도 여름에 2, 30분 동안 두 번의 발작이 왔거든. 죽음의 해안선이 있다면, 살면서 그 해안선이 가까워졌다 멀어졌다 할 텐데, 내겐 바로 그 순간이 죽음의 바닷가에 가장 가까웠던 때였어. 지금은 완치됐지만 병적인 순간에 느꼈던 건 '이래서 사람들이 절대자를 믿는구나.' 하는 거였어. 정말 미치겠는 거야. 무언가에 의지하고 싶어지더라고. 내가 의지할 만한 영원한, 고정 불변한 무언가가 없을까? 생각해보니까 그게 절대자인 거야. 증세가 계속 오니까 나도 모르게 없는 신이라도 만들어야 한다는 느낌이 오더라고. 개인적인 경험이었지만 워낙에 강렬한 체험이었어. 난 다른 사람들도 정도의 차이는 있지만 유사한 체험을 한두 번씩은 했을 거란 생각이 들어.

고성국　사실 죽음은 모든 인간이 보편적으로 가지는 근원적인 두려움이고, 근원적인 한계야. 인간의 역사가 시작된 이래 죽음의 문제를 해결하기 위해 엄청난 노력을 기울였던 거고. 잘 알겠지만, 그 과정에서 종교도 나오고 철학도 나왔지. 앞으로도 그럴 것 같아. 유한성이 존재하는 한, 인간에게 죽음은 최대의 난제야.

남경태 인간의 수명이 200년으로 늘어난다고 해도 마찬가지겠지.

고성국 그래, 그래서 인간은 절대자에게 의지하거나 죽음에 의미를 부여하고자 하지. 이를테면 '죽는 날까지 최선을 다해 살면 남은 사람들이 좋게 기억해줄 거야.' 혹은 '내 죽음의 대가로 가족들이 좀 더 행복하게 살 수 있다면⋯⋯.' 이런 거잖아. 최근 일본 원전 사고를 수습하기 위해 순직을 각오하고 뛰어든 결사대도 그런 생각을 품고 있었겠지. 가족과 국가를 위한 위대한 희생⋯⋯.

남경태 종족을 위해 개체의 삶을 희생한다는 논리지.

고성국 그렇지. 전쟁터에 나가는 군인들의 심정이 바로 그런 거란 말이야. 그런데 공동체를 위해 헌신하는 사람들로 사회가 건강하게 유지되었던 경우도 있지만 그렇지 않은 경우도 많았어.

남경태 우리 역사를 보면 국가가 국민을 보호하지 못했잖아. 조선 말에는 세도 정치로 고통받고 개항 후에는 개화파니, 친러파니 친일파니 권력 다툼을 벌이다 결국 일제의 강점을 당하고. 그러다 전쟁과 독재정권으로 이어지는 근현대사를 보면 과연 국민이 정부로부터 보호를 받는다고 생각했을지 의심스러워. 나는 우리나라가 19세기 초부터 20세기 중반까지 150년 동안이나 사실상의 무정부 상태였다고 봐. '정부가 나한테 해준 게 뭐 있어?' 하는 게 많은 국민들의 생각일 거야. 개인주의적인 성향이 강한 미국도 국가 자체에 대해서는 자긍심을 갖고 있거든. 나름대로 자신들을 위해서 정부가 존재해왔다고 믿는 거야. 사회계약론의 전통이 있는 유럽엔 세금은 시민을 위해 쓰인다는 원칙이 수백 년간 이어져 오고 있고, 자국민을 보호하기 위한 정부의 노력이 당연한 걸로 여겨진다고. 외국에서 자국민의 안전에 이상이 생기면 대사관 직원이 제일 먼저 달려가잖아. 우리는 찾아가서 도움을 요청해도 뿌리치는 게 현실이고. 그래서 우리 국민은 공동체보다는 나 자신, 내 가족 같은 개체적인 삶에 집중하는 거 같아. 오랜 난세에 대한 민중의 대처법이랄까?

고성국 그런 흐름이 가속화되는 거 같아. 그나마 남아 있던 공동체 정서도 사라져가고 있잖아. 그래서 개인적인 삶이 한계에 부딪혔을 때 극단적인 선택을 하는 경우도 훨씬 많아진 것 같아. 그들에게 사회가 아무런 도움도 주지 못한다는 게 정말 안타까워.

남경태 희망이 없으면 쉽게 죽음을 선택하지. 경제적으로든 뭐든 지금의 삶이 굉장히 비참하고 희망이 안 보인다, 게다가 이 상황에서 죽을 때까지 못 벗어날 것 같다면 선택의 여지가 없잖아. 하지만 상황을 받아들이는 태도와도 관련이 있는 거 같아. 성적 때문에 자살하는 청소년들이라고 해서 모두 하위권은 아니거든. 늘 1등 하던 친구가 2등 한 번 하면 절망하게 마련이지. 그 차이가 당사자에겐 받아들이기 어려울 만큼 절망적인 거야. 중요한 건 두 경우 모두 '희망'이 없다고 생각하는 거지. 이런 선택에 대해 철학자 하이데거는 인간의 특성에서 그 원인을 찾기도 해. 인간만이 살아가면서 삶에 대해서 질문을 던지는 유일한 존재라고 보는 거야. 동물은 주어진 조건을 살지만 인간은 그 삶에서 한걸음 떨어져서 관조한다는 거지. 그래서 자살하는 동물은 인간밖에 없다고 해. 자신의 삶을 대상화시키니까 죽음을 선택할 수도 있는 거지. 스스로 죽음을 선택하는 일, 절대자에 대한 추구, 이런 것들이 인간존재의 특성이 아닐까 싶어.

고성국 생각해보면 죽음이란 게 삶의 다른 면이잖아.

남경태 삶이란 건 죽음으로 끝나는 거고, 죽음은 삶이 끝나는 거지. 상대적인 개념인 거야. 남극 없이 북극을 어떻게 정의해? 죽음이 없다면 삶을 정의할 수 없겠지. 그 반대도 마찬가지고.

고성국 그래서 어떻게 살 거냐 하는 말은 어떻게 죽을 거냐 하는 말이기도 해. 삶을 깊이 파고들면 죽음에 대한 답도 나오지. 그런데 그 '삶'이라는 건 동물적인 삶이 아닌 인간으로서의 삶을 말하는 거잖

아. 그래서 대자적인 존재로서 자신을 바라볼 수 있어야 해. 자신을 객관화시키고 타자와 관계를 맺어갈 때 인간의 삶이 가능하니까. 하지만 그런 인식이 생각만큼 쉽지는 않지. 그런 걸 의식하지 않아도 일상을 살아가는 데는 지장이 없으니까.

죽음을 조장하는 물신주의

남경태 어떻게 들릴지 모르지만, 죽음 자체를 가볍게 보는 것도 한 방법인 거 같아. 생명을 던지는 사람들은 자신의 죽음에 지나친 의미를 두고 죽음으로써 뭔가 해결될 거라고 믿기도 하잖아. 하지만 '삶도 별거 아니듯이 죽음도 별거 아니다. 지금 죽으나 50년 뒤에 죽으나 무슨 차이가 있겠어.' 하고 생각한다면 죽음의 유혹에서 벗어날 수 있겠지.

고성국 정신적으로 불안한 상태에서는 도움이 될 수도 있겠다. 그런데 여기서 한번 생각해봐야 할 게 '사회적 타살'로서의 자살을 어떻게 봐야 하느냐는 거야. 장자연 씨 사건을 보자고. 그가 죽음을 선택했던 이유는 권력을 가진 사람들의 횡포와 부당한 압력이었잖아. 해결책이 있다면 그러지 않았을 거라고. 이건 개인적인 차원의 문제가 아니었던 거야. 연예기획사와 소수 권력자들의 잘못된 성문화는 사회적으로 해결해야 할 문제지.

남경태　사회적인 의미가 분명히 있지. 성적 지상주의 교육 때문에 자살하는 청소년들, 불법대출의 덫에 걸려 죽음을 선택하는 사람들도 그렇고, 제도적으로 접근해서 자살률을 줄일 대책을 세워야 하는 이유가 있는 거라고.

고성국　내가 제주도 살 때 얘기를 잠깐 해볼게. IMF 직후였는데 그때는 모두가 어려웠잖아. 순식간에 노숙자 신세가 된 사람들도 많았고. 그때 너무 힘들어서 죽으려고 작심을 한 부부가 마지막으로 제주도나 한번 다녀오자고 해서 온 거야. 그동안 하루하루 어렵게 사느라고 생각만 하고 한 번도 구경을 못했거든. 그래서 있는 돈 없는 돈 다 털어서 비행기 타고 왔는데 그만 제주도에 푹 빠진 거야. 이 아름다운 자연 앞에서 내가 왜 죽어야 하는지 억울하더래.

제주도는 먹는 데 돈이 거의 안 들어. 제주도는 밭농사가 많잖아. 상품성이 없어서 밭에 남는 작물이 20~30퍼센트는 돼. 한두 달 버려두다가 새로 농사지을 때가 되면 싹 갈아엎어. 그 사이에는 누구든 와서 뽑아가도 돼. 밭 주인들도 환영이야. 버리느니 누가 갖다 먹는 게 낫다고 생각하는 거지. 시골장 같은 데 가면 그런 걸 '이삭줍기'해서 모아놓고 할머니들이 팔아. 그런 상황이니 부부의 눈엔 제주도가 너무 풍요로워 보였던 거야.

게다가 제주도는 전국에서 유일하게 보증금 없는 월세 제도가 있어. 예컨대 월세가 20만 원이라면 200만 원을 주고 그냥 1년을 사는 거야. 다른 지역하고는 너무 다르잖아. 이렇게, 적은 돈으로 먹고 자는 거 해결되지, 공기 좋고 풍광 아름답지, 더는 죽어야 할 이유가 생각나지 않는 거야. 그렇게 마음 돌려서 정착하고 사는 사람을 여러 명 봤어. 삶과 죽음의 문제라는 게 환경적인 요인에도 많은 영향을 받는 거 같아.

남경태 도시라는 게 사람을 욕망에서 놓여나기 어렵게 하잖아. 예를 들어볼게. 한때 내가 갑부가 된 적이 있었어. 물론 사이버머니이긴 하지만. (웃음) 게임에서 돈을 많이 따려면 베팅을 잘해야 해. 여기엔 요령이 있지. 근데 희한하게 여기서도 '욕망'이 작동하더라고. 현실이 아니라는 걸 알면서도 잃었을 때는 너무 속이 상하는 거야. 진짜 내 지갑에서 돈이 빠져나간 것처럼 말이지. 그렇게 스트레스를 받으면서도 게임을 계속하는 이유는 한 가지, 당연히 더 많은 돈을 얻기 위해서야. 100을 따면 이걸 불려서 1만으로 만들고 1억으로 만들고 더, 더 하다가 한순간 날리고……. (웃음) 자본주의가 그런 거 같아. 아까 형이 말한 것처럼 경제적으로 모든 걸 잃고 벼랑 끝에 내몰린 사람도 자살을 생각하지만 부자도 돈을 크게 잃으면 그렇거든. 그 이유가 뭐겠어. 더 가지고 싶은 욕망이 좌절되었을 때 오는 실망감 때문이 아닐까.

내가 아는 어떤 분은 100억대 재산가야. 그런데 부동산 투자를 잘못해서 20억을 날렸대. 죽고 싶다더군, 남은 돈이 80억일 텐데도. 도대체 이 사람이 왜 그럴까 생각해봤더니, 내가 사이버상에서 돈을 잃었을 때의 기분이 떠오르더라고. 이 사람에게 돈이란 지불 수단이 아

"'인간적인 자본주의'는 불가능한 걸까?"

그러려면 더 가지려는 욕심을 버려야 하잖아.

니라 나날이 불려야 하는 거야. 즉 수치적으로만 의미 있는 거지. 그러니까 손실을 봤다는 사실 자체가 너무 속상하고 고통스러운 거야. 자본주의는 그런 인간의 심리를 아주 잘 이용해. 주식 투자가 그렇잖아. 이익을 보았을 때 그만두지 못하고 조금만 더, 조금만 더 하다가 결국 손실을 보면 그걸 보존하기 위해 계속 돈을 쏟아 붓잖아. 도박과 다를 게 뭐 있어.

 삶 자체가 물신화되는 거지.

 바로 그거야. 실제 필요한 돈도 아닌데, 그저 수치상으로만 기록되는 그 돈을 위해 삶 전체를 저당 잡히는 사람들.

 거기에 진짜 자기 삶은 없어. 인간의 말살, 인간성의 말살이지. 돈 때문에 자기를 포기하는 거야. 자본주의 사회에서는 그런 현상이 불가피하다고. '인간적인 자본주의'는 불가능한 걸까? 그러려면 더 가지려는 욕심을 버려야 하잖아. 기업가들이 자기 절제를 할 수 있어야 하는 거지. 적당한 수준의 이윤 이상을 욕심내지 않거나, 그 이상으로 이윤이 났을 때는 이걸 나누는 거야.

부자들의 의무

남경태 사실 그건 부자에게도 좋은 건데. 그 사람의 삶을 돈으로부터 구제하기 위해서라도 가진 걸 베푸는 게 좋거든.

고성국 빌 게이츠나 워런 버핏 같은 사람들은 그런 사실을 아주 잘 아는 부자들이야. 그래서 상속세 깎아준다는데도 싫다고 하잖아. 잠깐 존 스튜어트 밀의 얘기를 인용해보면, 같은 음식이라도 배고플 때 먹는 것과 배고픔을 해결하고 나서 먹는 것의 효용가치는 다르다는 거야. 그러니까 내게 두 그릇의 음식이 있다면 한 그릇은 먹고 나머지 한 그릇은 배고픈 사람에게 나눠주라는 거지. 그게 전체적으로 효용을 높이는 길이라는 거야.

남경태 벤담 식의 공리주의 논리를 업그레이드한 거지.

고성국 만약 그런 나눔이 가능하다면 '인간의 얼굴을 한 자본주의'가 가능하리라 생각해. 그러려면 먼저 자본가들이 자기 성찰을 해야지. 돈으로부터 자유로워져야 해. 그래야 자기의 삶도 건강할 수 있는데 말이야.

남경태 근데 빌 게이츠나 워런 버핏 같은 사람들이 자본가 중에서 다수는 아니잖아.

그만큼 그 사회 시스템에 대한 만족도가 높다는 얘긴데,
"우린 왜 그러지 못하는 걸까?"

덤벼라, 인생

고성국　선진 자본주의 사회에서는 대세야. 우리나라가 예외지. 국민소득이 제일 높은 나라들이 몰려 있는 북유럽만 봐도 그래. 스웨덴, 핀란드, 노르웨이 같은 나라들, 세금이 50퍼센트가 넘잖아. 사회주의 국가 아니냐고 묻는 바보도 있지만, 분명한 자본주의 국가거든. 이게 가능한 이유도 돈을 많이 버는 부자들이 세금을 통해 사회에 기여한다는 의식이 있기 때문이지.

남경태　종합부동산세를 깎아줘야 경제가 사네 마네 하는 우리나라와는 정반대 상황이군.

고성국　테니스 스타 비요른 보리 같은 스타들이 세금 안 내려고 다른 나라로 국적을 옮기는 경우가 간혹 있지만, 절대다수는 높은 세금을 사회적 합의라고 믿고 있지. 세금이 많아 불만이라고는 하지만, 세금 20퍼센트만 내고 미국 같은 나라에 가서 살래? 하면 단호하게 "노"라고 대답한다고.

남경태　그만큼 그 사회 시스템에 대한 만족도가 높다는 얘긴데, 우린 왜 그러지 못하는 걸까?

고성국　성숙하지가 않아서 그래. 우리나라는 온갖 불법을 저질러도 돈만 있으면 해결되는 사회잖아.

남경태 어떻게 나눌까 하는 생각보단 돈 가진 사람을 부러워하는 심리가 더 크니까.

죽음의 선택권

남경태 다시 본론으로 돌아가 보자고. 바로 '죽음의 선택권'에 대한 얘기야. 오래전부터 해오던 생각인데, 당장은 아니지만, 나는 가까운 미래에 죽음을 선택할 권리가 제도화될 거로 생각해. 죽음이란 인간의 삶에서 중대사인데 이걸 계획하고 싶은 건 인간의 본능이라고 봐. 물론 죽음이 개인이 선택할 수 있는 영역이냐에 대한 논란이 있겠지. 하지만 결국은 사회가 개인의 범주로 돌려놓을 거라고 봐. 마약이나 섹스 같은 것들도 과거에는 사회가 개입하고 규제하는 게 당연하다고 생각했지만 지금은 개인이 판단할 사적인 영역으로 이해하는 사람들이 많아지고 있잖아. 죽음에 대한 개인적 선택과 사회적 의미에 대해 얘기를 해보고 싶은 거지.

고성국 마약은 섹스나 자살과는 좀 다른 문제 아닌가. 일단 타인에게 해를 끼칠 위험성이 높은 거고.

남경태 마약을 권장하는 건 아니지만, (웃음) 발생하지 않은 사건에 대해 '위험성이 있다'는 이유만으로 법적인 규제를 가하는 건 옳지 않

아. 그렇기에 관련 법도 앞으론 바뀔 가능성이 있고. 게다가 스스로 조절할 수 있는 사람들에게는 오히려 법률적 폭력이 될 수도 있잖아.

고성국 예방적 차원의 강제가 제도적 폭력이 될 수 있다는 점에는 동의해. 하지만 불완전한 인간이 100퍼센트 스스로 조절하기는 어렵지 않을까? 누구나 실수는 하잖아. 민주주의라는 것도 그런 자의성, 오류를 극복하기 위해 생긴 제도잖아. 그래서 다수의 합리적 결정을 따르는 거고. 물론 그게 소수에 대한 폭력이 될 가능성도 있지만 말이지.

남경태 하지만 '다수의 합리적 판단'이라는 게 항상 옳은 건 아니라고. 예컨대 사형제도를 보자고. 우리나라에서는 아직도 살인을 범한 사람에 대해서는 국가가 죽음으로 응징해야 한다는 논리가 '합리적'이라고 여겨지잖아. 불완전한 인간이 한 사람의 생명을 완전하게 부정하는 행위가 제도적으로 이루어진다는 건 어떻게 설명할 수 있을까.

고성국 불완전한 인간이라는 전제를 놓고 보면 논리적으로 사형은 성립할 수 없는 거야. 한번 집행되면 되돌릴 수 없잖아. 물론 현실 속에선 그게 사법권이란 이름으로 행해지고 있지만.

남경태 나는 약간 다른 시각에서도 사형제도를 볼 수 있을 거 같아. 예컨대 본인이 원한다면? 세간의 비난을 받으며 계속 사느니 정당하게 자신이 저지른 죄과를 치르겠다며 사형을 요구한다면 어쩌지? 그랬을 때 그 사람에게 생물학적인 삶을 연장한다는 게 무슨 의미가 있을까 생각해보는 거지. 이런 흉악한 이야긴 다른 사람을 예로 들 수 없으니까 나를 예로 들지. 내가 죽어 마땅한 죄를 지었다면 난 당연히 사형을 요구할 거야. 만약 그런 경우가 생기면 형이 내 편을 들어줘. (웃음)

고성국 그럴 거면 자살을 선택하겠지. 본인이 선택해서 죽는 것과 제도적으로 죽이는 것과는 차이가 있잖아. 사형 제도 자체가 성립할 수 없는 것도 누구에게도 죽음을 강요할 수 없다는 기본 전제 때문인 거고. 설령 스스로 목숨을 던질 때에도 구해야 하는 게 건강한 사회의 역할이라고 보는데.

남경태 글쎄, 나는 죄질이 현격하고 본인이 원할 때, 죽음을 말릴 필요까지는 없다고 보는 거지.

고성국 최부의 『표해록』이라는 책이 있어. 이 사람이 배를 타고 항해하다가 표류해서 6개월 만에 돌아오는 과정을 적은 책이야. 이 사람이 여러 차례 죽을 고비를 맞는데 그때마다 하는 행동이 의관을 정제하는 거야. 예컨대 선원들이 폭동을 일으켜. 그러면 의관을 갖추고 죽음을 기다리는 거야. 죽음을 대하는 격식이라는 게 있었던 거지. 도스토옙스키나 안중근 의사처럼 죽음 앞에서 의연했던 사람들을 보면 죽음을 대하는 올바른 태도가 무엇인가에 대해 생각해보게 돼.

남경태 그러고 보면 예전에는 일상적으로 죽음을 준비했던 거 같아. 특히 나이가 든 노인분들은 매일 속옷을 갈아입었다고 하지. 혹시라도 마지막 순간 민망한 모습을 보이기는 싫은 거야. 하지만 솔직히 말하자면 나는 그런 것들이 무슨 의미가 있나 싶어. 죽음 뒤의 세상을 믿지 않는다는 면에서 무신론자이긴 하지만 내가 사고로 세상을 뜰 때, 나의 상태가 어떨지 상상도 할 수 없고 의미도 두지 않아. 오로지 현실을 열심히 사는 게 중요하지.

죽음의 역사성

고성국 모든 죽음에는 역사성이라는 게 있는 것 같아. 미국은 지금도 6·25전쟁 전사자 유해 반환 문제로 북한과 교섭을 하고 있잖아. 60년 전에 전사한 군인의 유해를 어떻게든 가족들한테 돌려주려는 거거든. 사실 개인의 죽음에는 그 죽음을 둘러싼 사회관계가 존재하는 거고. 비록 육신은 떠났지만 여전히 남아 있는 게 있잖아. 그게 추억일 때도 있고 때론 역사일 때도 있고.

남경태 죽은 자를 바라보는 시선도 문화마다 차이가 있는 거 같아. 예로부터 조상 모시기를 아주 중요한 전통으로 삼는 우리나라에서는 남의 묘를 파헤치면 흉악한 범죄잖아. 우리 정서상 용서가 안 되는 패륜범죄거든. 근데 어떤 민족은 그런 개념이 없어. 실제로 아프리카 어느 지역에서는 사람이 죽으면 조장(鳥葬)을 해. 시신을 큰 그릇에 넣어두면 새들이 날아와 쪼아 먹지.

고성국 조장은 자연으로부터 받은 육신을 자연으로 돌려준다는 의미지.

남경태 그들은 모셔두거나 보존하려고 하지 않아. 우리의 경우 죽음을 잡아두려는 의도가 강한 거 같아.

고성국 그렇지는 않아. 우리도 묏자리를 쓸 때나 관을 쓸 때, 가장 빨리 잘 썩는 것으로 하잖아. 물이 나오지 않아야 하고 햇볕이 잘 들고 하는 조건들이 다 시신이 잘 썩게 하려는 거잖아. 매장도 결국은 자연으로 돌려주는 거야. 다만 방식의 차이가 있는 거지.

남경태 그렇지. 어떤 장례도 되살아나기를 바라면서 하는 건 아니니까.

고성국 당연한 말이지만 인간이 주검을 대하는 태도에는 기본적으로 경외심 같은 게 있는 거 같아. 교통사고 사망자가 발생했을 때 경찰관이 와서 제일 먼저 하는 일이 뭐야. 죽은 사람을 안 보이게 하는 거잖아. 비참하고 흉해서이기도 하겠지만 무의식적으로 그 육체에 대해 예우를 하는 거라고 생각해. 오랜 역사를 거치면서 인류의 마음속에 축적된 거지.

남경태 이미 죽은 사람의 시신을 찾고자 목숨을 걸고 현장에 뛰어드는 이유도 그런 거겠지.

고성국 타인의 죽음을 바라보는 시선에도 역사성이 존재해. 동서양의 문화적 차이도 존재하고. 중국에서는 사람도 동물적인 존재로 보는 문화가 있어. 루쉰의 책에 보면 1930년대까지도 인육 시장이 있었다고 해. 공자 시대 때 살았던 도척이라는 흉악한 강도가 제일 즐겨 먹었던 음식이 살아 있는 인간의 간이었다는 기록도 있고, 공자가 가장 좋아했던 음식이 해(醢)였다는 기록도 있어. 해라는 게 사람을 죽여서 염장한 음식이거든. 엽기적이지. 그런데 제자 중 한 사람인 자로가 역적으로 몰려 죽어 해가 되자 그 소식을 듣고 공자가 해를 끊었다는 얘기도 나온다고.

남경태 지금 시각에선 상당히 엽기적이지만 당시에는 자연스러웠던 일이라는 거네.

고성국 그렇지. 또 전쟁 때 적군 포로 십만 명 정도를 식량 삼아 끌고 다녔다는 기록도 있어. 중국이 그랬고 폴리네시아 같은 경우에도 식인 문화, 카니발리즘이라는 게 있잖아. 당시엔 인간을 하나의 물질로 보았다는 걸 알 수 있지.

남경태 살아 있을 땐 모르지만 죽으면 단지 고깃덩어리에 불과하다는 거구면.

고성국 상징적인 거야. 폴리네시아에서는 인육을 먹는 행위도 그가 갖고 있던 힘과 용기와 영혼을 가진다는 의미로 행해졌고. 실제로는 흉년이 들었거나 사냥감이 없을 때, 어쩔 수 없는 상황에서 그랬겠지만 어쨌든 나름대로 정당화하는 기제는 있었다는 거지. 정리해보면, 중국에선 인간이 죽고 나면 물질만 남는다는 생각이 강했고, 폴리네시아는 다른 사람의 몸으로 다시 태어난다는 생각이 있었던 거야. 하지만 서양에서 인간은 신에 비해 열등한 존재이기 때문에 신들의 허락 없이 서로 잡아먹는다는 건 있을 수 없는 일이었어.

남경태 그렇지. 모두가 절대자 하나님의 피조물이고, 그렇기에 언제나 인간을 감시하고 통제하는 것도 하나님인 거지. 나머지 인간들은 그저 불완전하고 고통스러운 존재에 불과한 거야. 그래서 서양은 '배제'의 전통이 강해. 사르트르의 소설에 이런 장면이 나와. 백인 여자 작가가 흑인 남자 하인이 보는 앞에서 타자기로 작품을 써, 옷을 하나도 안 걸치고. 상식적으로 이해가 가지 않겠지만 1950년대 프랑스 식민지였던 알제리라는 시공간적 배경을 감안하면 이런 해석이 가능한 거지. 흑인 노예는 남자이기 이전에 '인간'이 아니었던 거야.

고성국 개 앞에서 부끄러워하지 않는 거랑 똑같은 거지.

남경태　그렇지. 기독교 문명권에서는 이렇게 타자에 대한 배타성이 강하다고. 최근에는 많이 나아졌지만 여전히 과거 식민지 국가나 비기독교 지역에 대한 선입견이 강하게 남아 있지.

고성국　그리스 로마 시대에는 시민권을 가진 귀족 남자만 인간이었어. 이들을 제외한 나머지 90퍼센트는 인간이 아니었지. 그래서 당시의 그림을 보면 여자나 노예 앞에서 나체로 왔다갔다하잖아. 인간이 아닌 사람 앞에서 부끄러움을 느껴야 할 이유가 없는 거라고. 벌거벗은 남자 성인을 옷을 입은 시녀들이 시중드는 걸 에로틱하게 볼 일이 아니라니까. 그들 입장에서는 전혀 상관이 없는 거야.

남경태　물론 지금은 그런 시각을 찾아보기가 어렵지. 일부 극우주의자들처럼 타 문화권에 대한 적대감을 버리지 못한 사람들이 남아 있긴 하지만. 전 지구가 하나로 연결된 상황에서 자신 이외의 존재를 인정하지 않는 사고는 한참 뒤떨어진 거니까.

공동체를 위한 죽음: 가미카제와 순국선열

고성국　문화권 얘기가 나오니까 자살 테러 생각이 나네. 먼저 오해가 생기지 않도록, 이슬람교가 원래 개방적이고 관용적이며 평화 지향적인 종교라는 사실을 짚고 시작하자고. 코란에는 지하드 즉 성전을

촉구하는 내용이 없어. "한 손엔 코란, 한 손엔 칼" 하면서 마치 이슬
람 교리 자체가 호전적인 것인 양 왜곡하는 건 기독교 문화권인 서구
언론의 나쁜 습관인 거고. 아무튼 그들은 지금 이 시간에도 저항의
상징으로 자살폭탄 테러를 감행하고 있어. 이런 죽음은 또 어떻게 봐
야 할까. 한쪽에선 테러지만 한쪽에선 공동체의 목표를 위해서 몸을
던지는 거잖아. 이런 형태의 죽음 역시 아까 말한 '공동체를 위한 희
생'이라고 할 수 있을까.

남경태 마찬가지로 이해해야 하지 않을까.

고성국 하지만 과연 100퍼센트 자발적인 선택이었을까 하는 의구심은
들어. 일본의 야스쿠니 신사 옆에 전쟁기념관이 있는데 여기에는 가미
카제 특공대가 남긴 유물들이 전시되어 있어. 사진 속의 앳된 청년들
의 얼굴을 보거나 그들이 남긴 일기를 읽다 보면 이들도 대부분 죽음
을 피하고 싶어했다는 게 느껴지더라고. 인간적인 고뇌가 있었겠지.

남경태 살고 싶은 본능이 없었을 리 없지. 하지만 성찰을 통해서든 외
부로부터 주입된 이데올로기를 통해서든 죽음을 택하는 게 훨씬 더
의롭다는 신념을 갖게 되지 않았을까.

고성국 내가 보기에는 같은 신념이라도 주입된 것과 자기 성찰에 의
한 것 사이에는 분명한 차이가 있는 거 같아. 일본에서 의인(義人)으

로 유명해진 이수현이라는 한국인이 있지? 이 사람이 취객을 구하려고 선로로 뛰어들잖아, 자기 목숨을 던져가면서. 이거는 오래된 사회화의 결과라고. '다른 사람이 위험에 처했을 때는 구해야 한다'는 마음은 인간이라면 누구나 갖고 있는 심성인 거야. 맹자가 '인(仁)'을 설명하면서 "모르는 아이가 우물가로 기어갈 때 누군들 이를 구하지 않겠느냐." 했던 것도 인이라는 것이 원래 가슴에 있는 거라는 걸 알리기 위해서였잖아. 이런 행동은 가미카제의 그것과는 다르단 말이지. 공동체를 위해 개인을 희생했다는 면에서는 같지만. 한 가지 가정을 해보자면, 가령 가미카제로 죽은 사람을 되살려서 당시 상황을 충분히 설명하고 다시 똑같은 선택을 하겠느냐고 물었을 때 그렇다고 말할 사람이 몇 명이나 될까? 나는 대다수가 거부할 거 같아.

남경태　그러니까 형이 보기에는 자살 폭탄대원이나 가미카제들의 신념이라는 게 주입된 거라는 거지? 하지만 그렇게 강요와 회유만으로는 죽음을 선택하기 어렵지.

고성국　그래. 죽음을 택한 동기가 주입이냐 자발적인 성찰이냐는 딱 잘라 말하기 어렵겠지. 한 사람의 내면에 그 두 가지가 혼재되어 있을 테니. 하지만 보편적 가치의 존재 여부에 따라 두 죽음의 차이는 확연해진다고 생각해. 정치적 상황이나 문화가 달라도 보편적인 가치라는 게 있잖아. 생명에 대한 존중, 타자에 대한 관용 같은 것들. 이런 보편적 가치가 없는 죽음은 '의로운 죽음'이라고 말하기 어렵지.

 그거야말로 상대적인 거 아닌가. 자, 한번 상상해보자고. 내가 지금 한창 혈기왕성한 청년이다. 요르단에서 태어나서 어렸을 때부터 가자지구에서 일어나는 참상을 목격해왔다. 이스라엘 군인들이 수시로 비무장 민간인을 학살하고 매일같이 주거지를 폭격한다……. 나처럼 겁 많은 사람이라도 죽음을 선택할 수 있을 거 같거든. 이데올로기가 아니라 현실이 동기가 되는 셈인데, 그걸 보편적 가치에 의하지 않은 조종된 죽음이라고 볼 수는 없지. 우리도 1980년대에, 폭력적인 군사독재 정권에 죽음으로라도 맞서야 한다고 생각했잖아.

 어려운 문제인 거 같다. 한쪽에선 테러지만 한쪽에선 순국선열이 되는 게 현실이니까. 안중근 의사가 이토 히로부미를 저격하고 사형선고를 받고 형식적이나마 재판을 받잖아. 이 과정에서 왜 이토 히로부미를 죽여야 했는지 설명하지. 하지만 재판부에서는 이를 잘 듣지도 않고 전하지도 않아. 그래서 사형을 기다리며 글로 정리한 게 『동양평화론』이야. 안중근 의사는 결국 책을 완성하지 못하고 사형을 당하는데 내용은 이런 거야. '조선과 중국과 일본은 서로 평화롭게 손을 잡고 공동번영할 수 있는 나라다. 그런데 이토 히로부미가 원흉이 되어 이를 막고 있으니, 내가 이 자를 처단함으로써 동양 3국의 공동번영과 평화를 지키고자 한다…….'

 평화를 위한 죽음이었다는 거지?

<u>고성국</u>   그래. 안중근이 지향하는 바의 보편적 가치와 전쟁의 수단으로 동원되는 가미카제나 폭탄 테러는 차원이 다르다는 얘길 하고 싶은 거야.

존엄하게 죽을 권리

<u>남경태</u>   자, 그럼 이제 화제를 바꿔 '존엄사'에 대해 얘기해보자고.

<u>고성국</u>   먼저 용어부터 보지. 요즘은 과거처럼 '안락사'라고 하지 않고 '존엄사'라고 하지. 그 말에 담긴 뜻은 곧 삶의 자기 결정권이 있듯이 삶의 마지막 순간인 죽음도 자기가 결정할 수 있는 권리가 있다는 것이고, 동시에 인간이 존엄하게 살 수 있는 권리가 있으므로 죽음의 순간을 존엄하게 맞이할 권리도 있다는 거겠지. 그런데 여기엔 두 가지 문제제기가 가능해. 우선, 인간에게 자기 생명에 대한 결정권이 있느냐 하는 것이야. 생명이라고 하는 것은 생물학적으로 따지면 수억 년 전부터 시작된 일련의 진화과정의 총화인데 이것에 대해 인간이 소유권을 주장할 수 있을까?

<u>남경태</u>   게다가 인간이 사회적 관계 속에서 살아가는 이상 스스로 자기를 규정하는 건 한계가 있잖아. 관계 속에서 규정되는 부분이 더 클 수도 있거든. 나라는 사람은 나 자신이기도 하지만 누군가의 아들이면서

부모고 남편이면서 누군가의 선생이고 학생이지. 그걸 깡그리 무시하고 독단적으로 결정하는 게 윤리적으로 타당하냐는 질문이 가능해.

고성국 그래서 죽음을 독자적으로, 독단적으로 결정할 수 있는 거냐는 문제제기가 종교적인 차원에서도, 사회적 관계 측면에서도, 또 생물학적으로도 나오는 거라고. 두 번째로 생각해볼 게 '죽음을 둘러싼 이해관계'야. 존엄사 인정을 위한 소송으로 유명해진 김 할머니는 뇌사 상태였다고. 의학적으로 회복 불능이라는 판단이 있었고 자력으로 호흡이 안 되는 상태에서 인공호흡기로 생명을 연장하는 상황이었지. 그런데 이런 상태를 유지하는 데는 큰 비용이 들어간단 말이야. 현실적으로 이러한 부분을 어떻게 받아들여야 할지 판단해야 하지.

남경태 아무도 그런 문제를, 적어도 표면상으로는 제기하지 않아.

고성국 그래. 하지만 나는 이런 실질적인 문제를 감추고서는 논쟁의 답이 안 나온다고 생각해. 단순화해서 보면, '뇌사 상태 즉 식물인간 상태인 사람의 생명을 기계적으로 연장하는 데 들어가는 비용으로 아프리카에 굶어 죽는 아이들 1000명을 살릴 수 있다. 어떤 선택이 현명한가.' 하는 문제거든. '배가 침몰했다. 100명이 타고 있는데 구명보트에는 20명만 탈 수 있다. 누구를 구할 것인가?'와 비슷한 문제지.

남경태 뒤엣것은 대략 정답이 나와 있잖아. 어린아이, 부녀자, 노약

자……. 요즘엔 돈 많은 사람, 힘센 사람 우선인가? (웃음)

고성국 만약 인류의 마지막 생존자를 가려야 하는 상황이라면 얘기가 달라져. 노아의 방주처럼 종족 번식에 가장 유리한 열 쌍을 태우는 게 맞겠지. 나는 존엄사도 개인의 차원에서만 볼 게 아니라 어떤 것이 인류를 위한 올바른 선택인가 하는 논의의 장을 만들어야 한다고 생각해. 물론 생명의 경제성을 따지는 식으로 오용될 위험이 다분하기는 해. 그래서 논의 자체를 차단하는 측면이 있고.

남경태 어떤 논의든 진행되다 보면 원하지 않는 방향으로 흘러갈 수도 있지 않겠어.

고성국 그렇지. 그렇다고 해서 논의를 망설이는 것도 옳은 건 아니지. 원칙을 지키고 의견을 모아나가면 될 거라고 봐.

남경태 나는 경제적으로 접근해도 충분히 타당한 결론을 얻을 수 있다고 봐. 생각하기 나름인 거지. 개인의 생명을 구하는 데 들어가는 비용을 낭비라고 여기지 않고 공동체 전체의 가치를 유지하고 발전시키는 데 들어가는 비용이라고 보면 되잖아. 장애인이나 경제적 능력이 부족한 사람들을 사회가 부양하는 이유도 거기에 있잖아. 불쌍해서 도와주는 게 아니거든. 인간 사회를 유지하려면 최소한의 안전망이 필요하다는 건 모두가 동의하는 바이니까. 도덕이나 인간애처럼 사회가 존속하기 위해 반드시 필요하다는 거지. 그런 점에서 보면 칸트의 도덕론이 마음에 들어. 도덕은 선택의 여지가 없는 명령이라고 했잖아.

고성국 스웨덴에 가보니 현관문 손잡이의 높이가 달라. 우리보다 좀 낮아. 왜 그럴까 생각했는데 장애인들에게는 그게 편한 거야. 휠체어를 탄 채로 문을 여닫을 수 있어. 사회적 약자를 위한 배려지. 그런데 내가 더 주목한 건 비장애인들에게도 그게 편리하다는 거야. 그들은 이렇게 시설물을 디자인할 때 '장애인에게 편리한 것은 비장애인들에게도 편리하다'는 철학을 바탕으로 하더군. 계단이나 방지 턱을 없애면 우리도 편하잖아.

남경태 존엄사를 둘러싼 논쟁도 결국은 무엇이 인류의 삶에 도움이 되는가 하는 방향으로 전개되겠지.

죽음을 성찰하는 건강한 삶

고성국 극단적인 얘기긴 하지만, 예전에는 사회적 비용을 줄이고자 노인들을 죽음으로 내몰기도 했잖아. 고려장이 그랬지. 일정한 연령이 되면 버려지는 것이 용인된다는 것이 지금 시각에서 보면 상식에서 벗어나는 일이지만, 존엄사를 효율성의 관점에서만 보면 이렇게 갈 수도 있지 않을까 하는 걱정이 있어.

남경태 〈나라야마 부시코〉라는 영화를 보면 그런 장면이 나오지. 어느 산간 마을에 사는 가난한 가족 이야기야. 그 마을에는 일흔이 되면 나라야마 산에 버려져야 한다는 전통이 있어. 그 사실을 잘 아는 노모는 자식들에게 부담되지 않으려고 자기를 버려달라고 해. 나는 영화를 보는 내내 노모의 진심이 궁금하더라고. 어쩔 수 없는 선택이긴 하지만 정말 죽음을 원할까, 그걸 개인의 선택이라고 보고 기꺼이 죽음의 길로 안내하는 것이 맞는 걸까 하는 생각 말이지.

고성국 본인이라면 어땠을까?

남경태 반반이야. 죽고 싶기도 하고 살고 싶기도 하겠지. (웃음) 하지만 분명한 건 고려장처럼 강제로 버려지는 건 말도 안 된다는 거야. 본인의 선택을 중요시해야 한다고 봐.

고성국 존엄사를 찬성하는 측에서 내세우는 가장 핵심적인 논거도 본인의 의지야. 그런데 우리가 방금 얘기했지만, 그게 과연 100퍼센트 본인의 의사라고 할 수 있는지 생각해봐야 해. 그런 의사표현이 어떤 상태에서 있었느냐 하는 것도 중요하지. 의식이 없는 상태라면 그걸 본인의 의사라고 확정할 수 없는 거고.

"개인의 생명을 구하는 데 들어가는 비용을 낭비라고 여기지 않고 공동체 전체의 가치를 유지하고 발전시키는 데 들어가는 비용이라고 보면 되잖아."_남경태

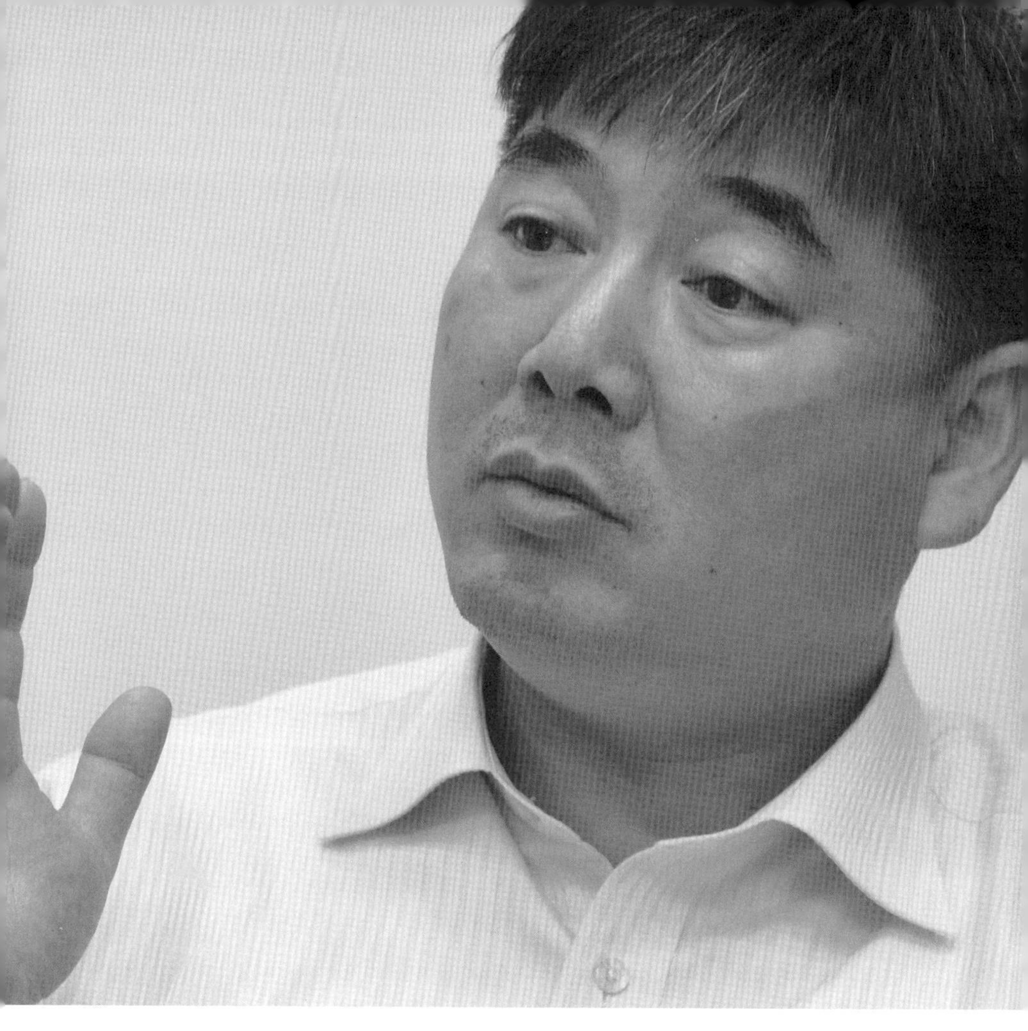

"스웨덴에 가보니 현관문 손잡이의 높이가 달라. 우리보다 좀 낮아.
그런데 내가 더 주목한 건 비장애인들에게도 그게 편리하다는 거야.
그들은 이렇게 시설물을 디자인할 때 '장애인에게 편리한 것은 비장
애인들에게도 편리하다'는 철학을 바탕으로 하더군." _고성국

남경태　그래서 문서로 미리 작성해놓잖아, 나중에 문제가 생기지 않도록. 이런 경우는 사실 문제가 될 게 별로 없어. 문제는 상황에 떠밀릴 때거든. 아까 〈나라야마 부시코〉에 나오는 노모처럼 자식들에게 부담될까 봐, 돈이 없어서, 이런 거라면 판단하기가 참 어렵지. 게다가 우리나라는 부모들의 '자식 사랑'이 유별난 편이잖아. 만약에 존엄사가 법제화된다면 경제적 부담이라는 진짜 이유를 숨기고 '이건 전적으로 내 뜻'이라고 할 가능성이 크지.

고성국　그렇지. 얘기를 하다 보니 나도 미리 유서를 쓰고 싶어지는데. (웃음) 정말 진지하게 유서를 쓰다 보면 그동안 내가 살아온 길이 정리될 거 같아. 나이가 들면 1년에 한 번쯤은 자기 삶을 돌아보는 게 필요하지. 죽음은 우리 삶에서 멀리 있는 존재가 아니거든. 어느 날, 느닷없이 맞닥뜨리지 않으려면 준비를 해야 해. 서양에서 묘지는 대개 교회에 있잖아. 그 교회는 마을 한가운데 있고. 일본도 신사가 마을 중심에 있고 우리도 대부분 선산이 마을 뒷산이지. 제주도에는 묘가 마당 안이나 밭 가운데 있는 경우도 많아. 자기 조상일 수도 있지만, 아무 연고가 없는 묘지인 경우도 드물지 않아. 죽음이 굉장히 가까이 있는 거지.

남경태　요즘은 좀 다른 거 같아. 우리 아버지 세대만 해도 대식구니까 죽음을 가까이서 보는 경우가 많았지만 핵가족 시대가 된 지금은 죽음을 한 번도 목격 못 하고 성년이 되는 거 같아. 죽음이 삶과 유리되어버리는 거지.

 죽음이 너무 멀리 있으면 삶을 성찰하는 게 어려워.

  난 어머니가 돌아가실 때 그런 생각 많이 했어. 췌장암으로 6개월을 앓으시다가 돌아가셨는데, 형이랑 내가 번갈아 당번을 계속 섰거든. 돌아가시기 2, 3일 전부터 혼수상태에 빠지셨어. 그때부터는 의사도 별다른 조치 없이 그냥 침대에 누워 계시게만 하더라고. 마지막 밤, 집에서 잠을 자고 일어나 세수를 하는데 간병인한테 연락이 왔어, 어머님이 돌아가셨다고. 그래서 부랴부랴 병원에 가서 돌아가신 어머님의 모습을 보았는데…… 그 순간의 느낌이 아직도 생생해. 방금까지 살아계셨던 분이 돌아가셨다는 거야. 눈앞에 계신 분은 더 이상 살아 있는 어머니가 아닌 거야. 시신을 그때 처음 본 거야, 서른이 넘어서.

 그렇게 죽음을 생각하고 자기를 돌아볼 때 우리의 삶이 더 풍부해지지 않을까?

 죽음을 성찰하는 게 꼭 슬픈 일만은 아니겠지. 메멘토 모리. 죽음을 기억하자고.

3

남들을 위하여 공부하라

공부의 이유

고성국　공부는 평생 하는 거라고 생각해. 우리가 태어나는 순간부터 시작되는 사회화 과정이 사실은 공부잖아. 그런데 보통 '공부' 하면 학교에서 하는 걸로만 한정해서 이해하지. 그렇지 않아. 넓게 봐야 한다는 거야.

남경태　동감이지만 부담된다. (웃음)

고성국　그걸 인정한다면 공부에 대한 관점이 달라질 수밖에 없어. 특정 시기에 좋은 성적을 거두는 개념이 아니라, 내가 어떤 공부를 왜 해야 하는지 가장 기본적인 문제부터 생각해봐야 하거든. 만약 내가 어떤 일에 대한 동기를 정확하게 이해하고, 의지를 가지면 적어도 그 일을 즐겁게는 못하더라도 손쉽게는 할 수 있어. 반면에 도대체 내가 이걸 왜 해야 하는지도 모르면서 꾸역꾸역 할 때는 효율도 안 생기고, 재미도 없지. '공부'라는 게 그래. 많은 아이들이 공부하는 방법을 가르쳐달라고 하는데, 그럴 때 제일 먼저 물어보는 것이 왜 공부하는지 이유를 대라는 거야.

남경태　사실 떠오르지 않거나 표현이 어려워서 그렇지 이유야 대부분 있겠지. 예를 들면 좋은 대학에 간다든가……

고성국 　나는 공부하는 이유를 두 가지로 설명해. 동물이 아니라 사람으로 살려고 하는 거다. 공부를 안 하면 동물이다. 동물로 살래? 사람으로 살래? 이게 첫 번째고 두 번째는, 하고 싶은 걸 하려면 공부를 해야 한다는 거야. 이걸 경쟁이라고 해도 좋은데, 뭔가 하고자 하는 일을 간섭받지 않고, 마음껏 하려면 힘이 있어야 하잖아. 공부가 그 힘이 되어 준다는 거야. 이 두 가지 질문에 대한 답이 분명하면 이미 반은 성공한 거라고 할 수 있지.

남경태 　자동차 운전을 하려면 운전면허 시험을 봐야 하는 것과 같은 이치 아닐까. 하지만 이 경우에도 공부 자체가 목적이 되지는 않는 것 같아. '수단'으로서 이해되는 거지. 간혹 노인분들이 "건강이 최고야"라고 말씀하시는데, 난 사실 그 말이 맘에 안 들어. 건강은 삶의 수단이지 목적이 아니잖아. 오로지 건강하기 위해 산다면 외려 비참한 삶이 아닐까? 일종의 가치 전도인데, 공부에도 그런 전도 현상이 있어. 입시나 승진 시험에 꼭 포함되는 게 영어잖아. 그런데 영어가 공부의 최종 목적인가? 원서를 읽거나 비즈니스를 하거나, 아니면 해외 관광을 하기 위해 영어를 공부하는 거지, 영어 공부 자체가 목적일 수는 없지. 그래서 우리 사회가 전도된 가치관을 가지고 있다는 생각이 드는 거야. 이상하잖아. 진짜 공부다운 공부는 무언가를 얻기 위한 수단이 되어서는 안 된다고 생각해. 그런데 우리는 그게 전부야.

고성국 　수단으로서의 공부도 중요하지. 그런 의미에서 에드워드 기번

이야기를 해볼까 해. 이 사람은 영국 사람인데 『로마제국 쇠망사』를 쓰고자 라틴어와 프랑스어를 공부했어. 고대 로마의 언어인 라틴어는 물론 갈리아 지역의 언어인 프랑스어까지 알아야 했던 거야. 언어가 역사학을 공부하기 위해 꼭 필요한 '수단'이었던 거지. 그 사람이 공부한 방식은 이래. 라틴어 책을 구해서 프랑스어로 번역하고 몇 달 있다가 이 프랑스어 번역본을 다시 라틴어로 번역하기를 반복한 거야. 혼자서. 이 사람은 이런 방식으로 1년 반 만인가, 라틴어와 프랑스어를 모두 정복해. 천재지. 그렇지만 우리 같은 보통 사람들도 본받을 점이 있다고 생각해. 이 사람에겐 프랑스어와 라틴어를 공부해야 할 동기가 분명했거든. 적어도 하기 싫은 걸 억지로 했던 거 같지는 않아.

공부를 잘하는 두 가지 방법

남경태　나도 비슷한 경험이 있어. 예전에 역사책을 쓴 적이 있는데, 서양사는 동양사보다 복잡한 측면이 있더라고. 특히 중세사가 어렵더군. 작업을 하다 보니까 '중세'라는 시기가 영국과 프랑스에서 같은지 다른지가 애매하고, 어느 때부터 '프랑스'라는 나라 이름을 붙일 수 있는지가 고민스러운 거야. 그래서 본격적으로 중세사를 공부했지. 덕분에 중세사에 대해 자신감을 갖게 됐는데 만약 내게 그런 분명한 '목적'이 없었다면 과연 그렇게 공부를 하고 지식을 얻게 되었을까 하는 생각이 들어. 그런 의미에서 '글쓰기'야말로 아주 훌륭한 공부 방법이라고 생각해. 배우고 싶은 게 있으면 책을 쓰는 거야. 주식 투자를 하고 싶다? 그러면 주식에 관한 책을 쓰는 거지. 그러려면 당연히 주식에 관해 자료를 찾고 공부를 해야겠지? 그러다 보면 나중엔 주식 박사가 되지 않겠어. 꼭 내가 쓴 책이 출판되지는 않는다 해도 책을 쓰는 과정에서 그 주제에 관해 아주 깊이 공부하게 되거든.

고성국　우리가 대학에서 논문을 쓰는 것도 비슷한 의미지. 주제를 정하고 대상을 분석하는 과정에서 자기에게 제일 잘 맞는 해석 방식을 찾는 거야. 그러다 보면 자기만의 분석 틀을 갖게 되지. 그렇게 해서 박사논문이 마무리되면 지도 교수들이 "이제 혼자서 공부하고 연구할 수 있는 자격증을 얻었다"고 한다고. 공부에 대해 자기 세계를 구축할 수 있게 되었다는 뜻이겠지. 직업적으로 공부하는 사람들이니까 그건 매우 중요한 일이지.

남경태　사실은 그때부터 진짜 공부가 시작되는 건데…….

고성국　그리고 또 하나, 강의도 좋은 공부 방법인 거 같아. 나는 이걸 학생들에게 요구하기도 하는데 효과가 꽤 괜찮아. 예컨대 한국 정치사 강좌에서 1987년 6월 민주 항쟁의 의미에 대해 가르친다고 쳐봐. 그런데 이걸 학생더러 나한테 강의해보라고 하는 거야. 그 학생은 강의를 준비하는 과정에서 자기가 6월 민주 항쟁에 대해서 얼마나 몰랐는지, 6월 민주 항쟁이 한국 현대사에서 얼마나 중요한 사건이었는지를 스스로 알게 되거든. 물론 시간과 노력이 필요하지만 그만큼 깊은 공부가 되지. 내 경험을 보더라도 자기가 한번 발표했던 내용은 죽을 때까지 잊혀지지가 않아.

남경태　공부의 '농도'가 그렇게 중요하더라고. 단순히 시간투입이 아니라.

고성국　다른 말로 이걸 '집중도'라고 할 수 있겠지. 내가 아는 두 사람의 천재가 있는데 경력들이 화려해. 학력고사(현재의 수능에 해당) 전국 수석, 서울대 수석 입학, 사시 수석 합격……. 다른 건 몰라도 공부 하나는 끝내주지. 이들에게는 공통점이 하나 있어. 그게 뭐냐? 바로 공부할 때 집중한다는 거야. 이 사람들은 절대적인 공부 시간이 보통 사람들보다 많지는 않았어. 두 사람 모두 법률가 출신이지만 처음부터 마음먹고 사법시험을 준비한 사람들도 아니야. 한 사람은 대학 3학년 때부터 공부해서 시험에 붙었고, 또 한 사람은 대학 다닐 때 노동운동 하다가 나중에 다시 공부를 시작해서 사시에 붙었거든. 평소에는 별로 공부를 안 한 거지. 그런데 공부할 때만큼은 엄청나게 집중하는 거야. 결국 공부란 집중력인 거지.

남경태　나도 학창시절에 그런 걸 느꼈던 경험이 있어. 어떤 친구는 틈틈이 쉬는 시간에도 책을 보며 열심히 공부를 하는데 성적은 하위권인 거야. 이해가 안 가잖아. 근데 공부깨나 하는 친구들은 그렇지 않

"공부의 '농도'가 그렇게 중요하더라고. 단순히 시간투입이 아니라."

"다른 말로 이걸 '집중도'라고 할 수 있겠지."

왔거든. 물론 온종일 공부를 하는 친구도 있었지만 나름대로 요령을 갖고 하는 친구들이 많았지. 그때 들었던 생각이 '공부는 시간에 비례하는 게 아니다'라는 거였어.

고성국 그리고 집중에 이어 두 번째로 중요한 게 바로 자기 관리야. 학생 때는 어쨌든 시험 성적이 중요하잖아. 그래야 좋은 학교에 진학할 수 있는데 이게 한두 번 잘 본다고 되는 게 아니라 수년간 꾸준히 이어져야 하기 때문에 '관리'가 필요한 거야. 무조건 책만 많이 본다고 시험 성적이 잘 나오는 게 아니거든. 인생사 모든 일이 그렇듯 공부도 잘될 때가 있고 안 될 때가 있잖아. 상승세를 탔을 때 시험을 봐야 성적이 잘 나온다고. 컨디션이 안 좋으면 열에 아홉은 성적이 안 나오게 돼 있어. 긴장하니까. 이렇게 그때그때 상태에 따라 들쭉날쭉하면 안 돼. 뭔가 리듬을 타야 하고 그걸 스스로 관리할 수 있어야 하는 거야. 자기 관리라는 게 그래서 중요한 거지. 자신을 조절하고 통제하지 못하면 아무리 머리가 좋고 공부를 열심히 해도 목표를 이루는 데 2퍼센트 부족한 거야.

남경태 맞아. 흔히 시험 운이 없다고 하는 데 그것도 사실 변명에 불과하지.

고성국 그런 것에도 대비하고 관리할 수 있어야 공부를 잘할 수 있게 되는 거야.

남경태　입시 공부에 대해 기억이 하나 있어. 고등학생 때였는데 여름 방학이었을 거야. 당시 울산에 있는 비료 공장에 다니던 형이 나를 불러. 그러더니 절에 들어가래. 집안 환경이 워낙 안 좋으니까. 화장실도 공용으로 쓰던 아홉 평짜리 집이었거든. 절에 가서 집중적으로 공부하라는 거야. 얼떨결에 갔는데 그때 거기서 몇 권의 교재를 끝낼 수 있었고 그때부터 공부에 굉장히 자신감이 붙더라고.

고성국　마음먹은 것을 끝내는 경험이 중요해. 영어 공부를 한다고 쳐. 단어를 외워야 하잖아. 근데 이게 처음에는 무척 힘든 일이야. 그래서 영어 공부를 할 때는 욕심 부리지 말고 하루에 단어 몇 개, 이런 식으로 접근하는 게 좋다고. 그러다 보면 어휘가 눈에 띄게 늘게 되지. 하루에 5개씩만 외워도 1년이면 1800개가 넘잖아.

남경태　물론 그동안 외운 걸 안 까먹는다는 전제가 있어야 하긴 하지만.

X와 Y는 기호다

고성국　적어도 절반은 남지 않겠어? 더 중요한 것은 계획을 세워서 하루에 5개씩, 혹은 한 달에 100개는 확실히 외우겠다는 식으로 실천 가능한 목표를 세워서 공부하는 거야. 그렇게 해서 정말 100개의 단어는 언제 어떤 경우에도 다 맞출 수 있게 되면 자신감이 생기잖아.

이런 경험을 갖는 게 중요해. 운동 코치들이 강조하는 것 중 하나가 '이기는 경험을 갖게 하라'잖아.

남경태　유명한 말이 있잖아. "강자가 이기는 게 아니라, 이기는 자가 강자다."

고성국　그렇지. 이겨본 놈이 이기는 거야. 자기가 세운 계획을 완수한 경험을 가져야 할 수 있다는 자신감이 생기는 거야. 그래야 새로운 목표에 도전할 마음도 생기고.

남경태　거기에 더해 비록 입시 때문이긴 하지만 내가 공부를 하면서 느낀 건 '원리가 중요하다'는 거였어. 우리 학창 시절 수학시간에 배운 근의 공식이라는 거 있잖아. 기억나? 그때는 무작정 외우기만 했는데 나중에 알고 보니까 원리가 간단한 거야. 공식이 산출되는 과정을 알았으면 좀 더 쉽게 이해했을 텐데 하는 아쉬움이 있더라고. 나중에 애들에게 수학을 가르칠 때는 애들한테 직접 이 공식을 산출하게 해봤거든. 그랬더니 굉장히 감격해. 그토록 어렵다는 근의 공식을 혼자서 도출해냈다, 이거지. 근데 이게 사실은 무식하다 할 만큼 간단한 원리야. x를 제외한 모든 것을 우항으로 옮겨다 놓으면 답이 나오거든. 정작 학교 수학 시간에서는 이걸 한 시간 만에 가르치고 넘어가니 아이들이 원리를 이해할 턱이 없지.

고성국　나도 학생 때 $y = f(x)$라는 함수 개념이 그렇게 어렵더라고. 원리를 이해 못 했으니까.

남경태　아무도 안 가르쳐줘. 그래서 아이들이 힘든 거야.

고성국　학교에서 함수 배울 때 선생님들이 칠판에 $y = f(x)$라고 써놓고 그래프를 그리잖아. 그런데 나는 다른 건 눈에 안 들어오고 저게 왜 'y'이고 'x'인지가 궁금한 거야. 나중에 알고 보니 그건 그냥 그렇게 부르기로 한 약속 즉, 기호에 불과하더구먼. (웃음)

남경태　그건 사실 데카르트가 만든 거거든. 데카르트가 살던 시대에 가장 안 쓰는 활자가 x하고 y였다고. 그냥 인쇄할 때 편하라고 그렇게 정한 것뿐인데 그게 그렇게나 어려웠다니…….

고성국　그때 선생님께서 x랑 y는 기호에 불과하다. 그냥 우리가 그렇게 부르기로 약속한 거다. 그러니 다른 걸로 예컨대 기역이나 니은으로 붙여도 된다고 설명해줬으면 그렇게 궁금하진 않았겠지. 그런데 그런 기초적인 의문이 해소가 안 되니까, 나 같은 수학 지진아는 거기서 한 발짝도 못 나가는 거야. 함수는 고사하고 그림 자체를 이해 못 하니까.

남경태　개념과 원리는 넘어가고 답만 가르치는 거야.

고성국 그렇지. 적어도 수학이라는 학문에서는 개념과 원리가 가장 중요하거든. 수학도 다른 과학과 마찬가지로 현상에서 원인을 찾고 인과관계를 발견해서 결과를 예측하기 위한 학문이잖아. 함수라는 것도 결국은 그런 인과관계를 수학적으로 표현한 것이고. 그땐 그런 거창한 배경이 있으리라곤 상상도 못했다니까.

남경태 그런 걸 배우는 게 원리 교육이지.

고성국 그렇지. 원리 교육을 하면 시험문제도 많이 달라지겠지. 예컨대 수식 풀기가 아니라 서술형 문제가 많아지지 않겠어. 철수가 얼마, 영희가 얼마 어쩌고저쩌고했는데 이거를 어떻게 해결할 것이냐 등등.

남경태 '여기 우체국과 학교가 있는데 지름길은 어디냐.' 이런 식으로 하는 거지. 실제 생활에서 겪을 수 있는 그런 문제들.

고성국 좋은 공부가 되려면 학생은 원리론적인 질문을 던져야 해. 그리고 교사는 여기에 역시 원리론적으로 답변하고 설명할 수 있어야 하고.

질문 없는 공부의 결과

남경태　프랑스에서 공부하고 온 친구가 한 말이 생각나네. 그 친구가 유학 초창기에 버스를 탔대. 그런데 뒷자리에 아이하고 엄마가 탄 거야. 둘이 나누는 대화를 들어보니까 아이가 덧셈을 못하는 거야. 3 더하기 4는 아는데 5 더하기 7은 모르더래. 5 더하기 7은 10이 넘잖아. 손가락이 부족해지지. 여기서 아이가 딜레마에 빠지는 거야. 그래서 내 친구는 처음에 '프랑스 애들은 다 바보 아냐?' 이렇게 생각했대. 대충 초등학교 5학년쯤 돼 보였으니까. 근데 알고 보니까 프랑스하고 우리하고 가르치는 방식이 달랐던 거야. 우리는 5에 7을 더할 때 옆에 작게 1을 써놓으라고 가르치잖아. 10이 넘으니까. 그다음에 끝자리에 남은 2를 붙여서 12라는 답이 나오지. 그런데 게네들은 그걸 안 가르쳐주는 거야. 그래서 10이 넘으면 어떻게 처리해야 할지를 스스로 깨달아야 해. 원리 교육이라는 게 이런 거 같아.

　　우리나라는 전형적인 '요령 교육'이야. 왜 그렇게 되는지는 알 필요가 없어. 중요한 건 결과와 답이니까. 그러니까 아까 말한 근의 공식도 한 시간으로 넘어가는 거고, 함수가 어떤 의미인지 전혀 설명이 없는 거고. 지금도 학교에선 수학을 그렇게 가르쳐. 그러니까 원리가 탄탄한 다른 나라하고 학문적으로 비교가 안 되는 거야. 그 친구가 그래. 어렸을 때부터 정답 맞추기에 뛰어난 우리나라에서 훌륭한 수학자가 안 나오는 이유가 뭐겠느냐고. 우리 애들 유학 가면 문제 푸는 건 잘하는데 세미나나 토론에서는 여지없이 깨져. 수학이든 뭐든 원리적인 교육이 안 되어 있으니까.

고성국 인문·사회과학도 그렇고, 예술 교육에서도 차이가 나. 그림을 그릴 때에도 그들은 '왜?'를 강조하거든. 강의의 시작도 끝도 바로 이 '왜?'라는 질문이야. 그런데 우리는 '왜?'에 관심이 없어. 질문을 안 해. 원리론적인 고민이 없는 공부지.

남경태 대신 요령은 잘 가르쳐줘. 어떻게 하면 입시에 유리한지, 그런 건 잘하잖아.

고성국 그래서 나는 우리 아이들에게도 원리를 깨우치는 공부가 중요하다고 생각해.

남경태 사실 그게 제일 경제적인 공부 방법이기도 해. 보통 사람들이 생각하듯, 멀리 돌아가는 게 아니라 가장 정직하고 바른길을 가는 거지.

고성국 어린 아이들이 자연스럽게 '왜?'라는 질문을 던지는 것도 인간이 원래 원리를 찾고자 하는 욕망이 있기 때문이 아닐까. 어떤 아이들은 입만 열면 '왜?'야. 그런데 크면서 입을 닫아버리지. 부모나 선생님이 처음에는 받아주다가 나중엔 귀찮아서 야단을 치거든. 질문을 굉장히 싫어해. 왜? 자기들이 설명을 못하니까. 게다가 어떤 질문

"우리나라는 전형적인 '요령 교육'이야. 왜 그렇게 되는지는 알 필요가 없어요. 중요한 건 결과와 답이니까. 그러니까 원리가 탄탄한 다른 나라하고 학문적으로 비교가 안 되는 거야. 그 친구가 그래. 어렸을 때부터 정답 맞추기에 뛰어난 우리나라에서 훌륭한 수학자가 안 나오는 이유가 뭐겠느냐고. 우리 애들 유학 가면 문제 푸는 건 잘하는데 세미나나 토론에서는 여지없이 깨져. 수학이든 뭐든 원리적인 교육이 안 되어 있으니까." _남경태

"인문·사회과학도 그렇고, 예술 교육에서도 차이가 나. 그림을 그릴 때에도 그들은 '왜?'를 강조하거든. 강의의 시작도 끝도 바로 이 '왜?'라는 질문이야. 그런데 우리는 '왜?'에 관심이 없어. 질문을 안 해. 원리론적인 고민이 없는 공부지." _고성국

은 정말 대답하기가 어려워. 어떤 아이가 "1 더하기 1이 왜 2예요?" 이러면 선생님들 대부분이 짜증을 낼걸?

남경태 사실 한 개 더하기 한 개가 꼭 두 개라는 법이 없잖아. 여기 있는 볼펜은 더하면 두 개가 맞지만, 물방울은 더해도 여전히 하나잖아. 하지만 교실에서 그런 질문은 용납되지 않아. 애들도 금세 그걸 깨닫게 돼. 입을 닫게 되지. 빠르게 사회화되는 대신 일찌감치 원리에서 멀어지는 거지.

고성국 그래서 피상적인 교육으로 가는 거야.

남경태 역사교육에서도 그런 부분이 있어. 나도 나중에야 알게 되었는데, 샤를과 카를이 같은 이름인지 몰랐어. 아무도 안 가르쳐 줘. 'Charles'라는 표기를 영국에서는 '찰스'로 프랑스에서는 '샤를', 독일은 '카를', 이탈리아에서는 '카를로스'라고 읽어. 스페인에 가면 '카롤루스'가 되고. 마찬가지로 영국식 이름 'John'도 프랑스에선 '장'이 되지. 이런 사실을 모르면 모차르트의 '돈 조반니Don Giovanni'가 왜 스페인에 가면 '돈 후안'이 되는지 이해할 수가 없지. 존과 장, 후안과 조반니는 다 같은 이름이잖아. 지역에 따라 발음이 달라진 것뿐이지. 역사 선생님이 그런 걸 조금만 가르쳐줬어도 달랐을 텐데…….

고성국 선생님한테도 어려워.

남경태 교과서에서라도 유럽의 역사와 언어에 대한 기본 지식을 친절하고 쉽게 가르쳐주면 좋을 텐데 말이야.

독서의 방식: 다독과 정독의 차이

고성국 두 가지 얘기를 하고 싶은데, 나는 '쉽게' 가르쳐야 한다는 생각에 대해서는 반대야.

남경태 어려운 건 어렵고, 쉬운 건 쉽게.

고성국 물론 유치원 아이들한테 대수학(代數學, 수의 관계나 성질 등을 연구하는 학문)을 가르칠 순 없지만, 인간 세상과 관련된 인문·사회과학은 내용이 어렵다고 해서 애들은 몰라도 돼 하는 식으로 생략하고 넘어가서는 안 된다는 거지.

남경태 요즘은 쉽게 가는 게 대세라 그런가 봐. 요즘 아이들을 대상으로 위인전이 많이 나오잖아. 근데 소크라테스, 플라톤은 없어. 있더라도 이데아론 같은 핵심 내용은 어렵다고 빼. 그런데 내 생각은 다르거든. 충분히 아이들이 이해할 수 있는 방식으로 가르칠 수 있어.

고성국 뭐든 한 번에 다 이해할 수 있는 건 아니잖아. 오히려 그런 건 자기 발전에 도움이 안 되지. 어렵다고 해서 쉽게 가는 건 옳지 않은 거 같아. 예컨대 책을 한 권 봤는데 처음엔 무슨 말인지 모르겠어. 한 20~30퍼센트쯤 알아먹을까 말까 해. 그런데 다음번 읽을 땐 좀 다르지. 아는 단어도 보이고 70~80퍼센트는 이해가 돼. 그러면서 자기 것으로 가져가는 거지.

남경태 자기 나름대로 소화하면서 넘어가면 되는 거야.

고성국 그런 책이 도전할 만한 가치가 있거든. 예컨대 100미터를 17초에 뛰는 친구가 처음 시작했을 때처럼 맨날 16초를 목표로 뛰면 발전이 없잖아. 이번엔 16초로, 다음엔 15초로 조금씩 목표를 키워 나가야지.

남경태 그렇다고 무리하게 13초를 목표로 할 수는 없잖아.

고성국 나중에 키도 크고 실력이 늘면 가능하지 않겠어? 당장 어렵다고 해서 미리 포기해선 안 되지.

남경태 사회학을 하다 보면 단순화해서 가르치기에 한계가 있다는 걸 알게 돼. 그럴 땐 정공법을 택하게 되지. 복잡한 이론을 복잡하게 가르치는……. (웃음) 실제로 대학을 다닐 때 어느 선생님은 "현대 사회는 복잡하다. 그러니까 현대 사회를 설명하는 이론도 복잡해야 오히려 이해하기 쉽다"는 말을 한 적이 있어. 그렇지 않다면 선문답밖에 더 되겠어?

고성국 어쩌다 보니 독서 이야기를 하게 됐는데, 나는 독서에서 다독(多讀)이 굉장히 중요하다고 봐. 정독(精讀)은 그다음 문제야. 무조건 책을 많이 읽어야 한다, 공부를 위해서나 인간답게 살기 위해서나 무조건 책은 많이 읽어야 한다, 그리고 세상의 모든 책은 다 도움이 된다는 게 내 생각이야.

남경태 내 생각은 달라. 다독은 반대고 그렇다고 정독도 아냐. 내가 보기에 중요한 건 독서 후의 성찰인 거 같아. 지금도 나는 솔직히 책을 많이 읽는 편이 아니야. 오히려 번역을 하니까 양적으로 덜 읽게 되지. 대신 책을 한 권 읽고 나면 반드시 생각을 해. 어떻게 보면 모든 책은 비슷해. 문제는 '어떻게 받아들이느냐'이지. 그래서 지금도 아이들한테 이렇게 얘기해. 독서라는 건 서점에서 책을 고르는 것과 같다. 세상엔 엄청나게 많은 책이 있다. 그걸 다 읽을 수는 없을 테니, 마음에 드는 책을 골라서 그걸 몇 번이고 읽어라. 실제로 나는 지금도 그렇게 읽고 있어. 생텍쥐페리의 『인간의 대지』와 릴케의 『말테의 수기』 같은 책들은 고등학교 때부터 지금까지 30년을 넘게 머리맡에 두는 책이야. 읽을 때마다 새롭거든. 책에 쓰인 내용은 그대론데 내 생각이 달라지기 때문이겠지. 결국 책과의 상호작용이 중요한 거야. 굳이 다독과 정독을 비교하자면, 정보를 얻는 데는 다독이 좋지만, 책을 통해 자기 생각을 키워나가는 데는 정독이 좋다고 봐. 난 심지어 마음에 안 드는 책은 읽다가 그냥 버리라고도 해. 무조건 읽는 건 의미가 없다, 자기 스타일에 맞는 책을 골라 몇 번이고 읽어라, 그게 생산적이다……. 그런 얘기지.

고성국　자기와 맞는 책을 만나려면 여러 책을 읽어봐야 하지 않을까?

남경태　요지는 남들이 아무리 베스트셀러고 유명한 책이라고 해도 자기에게 안 맞으면 과감하게 포기하라는 거지.

고성국　안 읽히는 책을 꾸역꾸역 읽으라는 뜻이 아니야. 일단은 책을 열자는 거야. 그래서 마음에 안 들면 잠시 접었다가 나중에, 한 1년 후에라도 다시 읽을 수 있고. 그때는 느낌이 다를 수도 있잖아. 그런 식으로 최대한 많은 책을 접하다 보면 여러 번 읽을 만한 책도 생기지 않을까.

고전의 가치

남경태　예전에 한 청소년 잡지에 고전을 소개하는 코너를 맡은 적이 있었어. 주요 고전의 내용을 요약해서 전달하는 거였지. 하다 보니 과연 아이들에게 필요한 책이 무언가에 대해 고민이 되더라고. 그래서

"내가 보기에 중요한 건 독서 후의 성찰인 거 같아. 책을 한 권 읽고 나면 반드시 생각을 해. 어떻게 보면 모든 책은 비슷해. 문제는 '어떻게 받아들이느냐'이지. 그래서 지금도 아이들한테 이렇게 얘기해. 독서라는 건 서점에서 책을 고르는 것과 같다. 세상엔 엄청나게 많은 책이 있다. 그걸 다 읽을 수는 없을 테니, 마음에 드는 책을 골라서 그걸 몇 번이고 읽어라." _남경태

혹 참고할 만한 자료가 있을까 싶어 살펴봤지. 그런데 당시에 '서울대 고전 200선'인가 하는 책이 나와 있더라고. 서울대학교에서 추천한 도서들을 말하는가 보다 하고 목록을 봤어. 그런데 이건 정말 아니다 싶은 거야. 예를 들어 추천 도서 중에 푸코의『광기의 역사』가 있더라고. 이걸 고등학생이 읽을 수 있을까 하는 생각이 들었어. 혹시 교수는 그 책이 제목 그대로 '광기'라는 현상을 역사적으로 분석한 책이라고 본 게 아닐까 하는 생각이 들더라고. (웃음) 기억은 안 나지만 그 외에도 고전이라는 미명하에 마구잡이로 끼워 넣은 책들이 눈에 보였어. 책을 많이 읽는 것도 좋지만 그런 식으로 기준 없이 우겨넣으면 아이들의 독서에 도움이 안 되겠지.

고성국　요즘 서점에 나가 보면 고전 등을 요약본이나 아동용으로 재구성해서 펴낸 책들이 수두룩하더라고. 나중엔 셰익스피어 작품 중에 동화가 있었나 하고 확인해볼 정도였다니까. (웃음)

남경태　원작을 따라갈 순 없지. 게다가 원래 내용을 왜곡할 위험성도 다분하고. 어렸을 때 읽었던『올리버 트위스트』를 나중에 성인이 되어 원전으로 읽었는데 훨씬 내용이 방대하고 흥미진진하더라고. 그런 책이 꽤 있어.『보물섬』도 그렇고.

고성국　내가 읽은 것 중 가장 충격적인 건『걸리버 여행기』야.

남경태　그렇지. 원전은 굉장히 철학적이지. 아이들이 보기에 적절하지 않은 내용도 많고.

고성국　근데 우린 만화영화를 원전으로 알고 있잖아. (웃음)

남경태　책은 몰라도 스토리는 대부분 알지. 하도 많이 접해서.

고성국　그러면 원작이 지니는 미덕을 충분히 향유하기가 어려워져. 어렸을 때부터 고전을 원전 형태로 읽는 시도를 해야 해.

남경태　문학은 더 그래.

고성국　원전을 동화처럼 번안해놓은 건 전혀 다른 작품이지.

남경태　그래서 다시 안 읽게 되잖아.

고성국　그래 놓고 자기는 누구누구의 작품을 읽었다고 생각하는 거야.

남경태　내가 보기에 그런 흐름에 결정적인 역할을 한 게 〈장학퀴즈〉나 〈도전 골든벨〉이야. 뜬금없이 들리겠지만 이런 방송들이야말로 단편적인 지식으로 그 사람을 평가하는 대표적인 프로잖아. 내가 왜 이런 얘기를 하냐면, 중학교 때 〈장학퀴즈〉를 보는데 스탕달의 『적과 흑』

의 주인공을 묻는 문제가 나오더라고. 정말 웃긴 건 내가 『적과 흑』을 읽지도 않았는데 답을 맞췄다는 거야. 쥘리앙 소렐. 난 지금까지도 연이 닿지 않아 그 작품을 못 읽었는데, 저자와 제목과 주인공을 알고 있어. 참 웃기지? 당시는 나뿐만이 아니라 모두가 전형적인 '장학퀴즈 식' 학생으로 성장했던 거야. 도대체 이게 참된 지식이냐고?

고성국 그렇지.

남경태 나는 이게 우리 교육의 단면을 보여주는 거라고 생각해. 내용은 몰라도 답은 맞힐 수 있는 시스템.

고성국 입시에 소설 지문이 나오면 그 부분만 외우잖아. 실제로 소설책을 사서 보는 사람은 드물지.

남경태 시를 배워도 그렇잖아. 이런 표현은 공감각적 표현이고 저런 표현은 시적으로 어떤 의미가 있고 하면서 달달 외우는데 그게 문학의 이해에 무슨 소용이 있겠느냐고. 한마디로 천박한 교육이야.

고성국 『빌헬름 마이스터의 수업시대』라는 책이 있어. 괴테의 자전적 소설로 18세기 독일의 사회상이 잘 나타나 있지. 그런데 여기에 보면 열대여섯 살짜리 아이가 아주 어려운 책들을 읽는 거야. '아, 저만한 나이에 저런 걸 읽었다니.' 하며 놀란 적이 있어. 서양에는 저런 인문적 전통이 있구나 하며 부러운 마음이 들기도 하고.

남경태　그렇지. 서양은 그런 지적 전통이 있지. 더구나 괴테가 살았던 당시는 헤겔 같은 사람이 가정교사 하던 시절이잖아.

고성국　옛날 우리 선조도 그랬어. 열대여섯 살이면 벌써 결혼도 하고 양반이면 관직에도 나가는 나이였지. 풍류를 즐기며 문장도 하는 시기, 그 정도의 교양과 공부를 필수라고 생각했었는데 말이야.

남경태　지금처럼 대학입시가 없으니까 가능한 거야. (웃음)

고성국　아, 그런가? 그리고 군대도 없었으니까. (웃음)

남경태　시대와 조건이 다른 거지.

고성국　대학 입시와 군대가 한창나이에 제대로 된 공부를 할 수 없게 하는 건 사실이야. 아무튼 민주화 운동 한다고 바쁘게 돌아다니던 시절에 『빌헬름 마이스터의 수업시대』를 보면서 거기 나오는 10대 소년 주인공보다도 내가 지적 수준이 떨어지는 건 아닌가 하는 생각을 했었지. 이 밖에도 기억에 남는 문학작품으로 톨스토이의 『전쟁과 평화』가 있어. 작품에 담긴 작가의 깊은 휴머니즘, 인간에 대한 무한한 신뢰와 사랑이 큰 울림을 주더라고. 에밀 졸라의 『목로주점』도 그랬고. 소설에서 식탁을 묘사하는 장면이 나오는데 너무 리얼해서 소름이 끼칠 정도인 거야. 마치 인간의 밑바닥을 본 느낌이었어. 문학 작품이 인간을 저토록 생생하게 그려낼 수 있다는 사실에 전율했지. 이런 책들을 읽으면서 공부도 대충대충 하면 안 되겠구나 하고 생각을 다잡았지.

원리와 맥락을 이해하는 공부

남경태 나는 한동안 무협지를 읽다가 1990년대 초반에는 소위 말하는 베스트셀러 작가들, 존 그리샴이나 마이클 크라이튼 같은 사람들의 작품에 심취했어. 마이클 크라이튼의 『쥐라기 공원』 같은 경우는 영화로 개봉된다는 소식에 제일 먼저 극장으로 달려간 사람이 나야. 근데 막상 영화를 보고는 실망했지. 상업 소설임에도 원작이 영화보다도 더 비주얼한 거야. 움베르토 에코의 『장미의 이름』도 마찬가지 경우야. 이 소설은 처음이 어려워서 그렇지 70페이지만 넘어가면 굉장히 재밌거든. 지적 재미를 주는 소설이야. 근데 막상 영화는 완전히 쭉정이더라고. 생각해보면 소설을 원작으로 한 영화를 보았을 때 만족스러웠던 경우가 별로 없었던 거 같네. 영화 자체가 시각적인 이미지에 의존하니까 그런 걸까? 다 보여주면 상상력이 끼어들기 어렵잖아. 음악도 그래. 뮤직 비디오가 나오고 TV 방송에 의존하면서 음악성이 사라져버리는 거 같아.

고성국 클래식도 요즘은 TV를 통해 보는 시대니까.

남경태 좋지 않아. 음악 자체, 텍스트 자체에 몰입하지 못하잖아.

고성국 그래서 소설이나 시, 영화나 음악이 각자 존재 이유가 있는 거야. 그럼에도 굳이 문학작품을 영화화하는 건 자체적인 콘텐츠가 부족해서일 거야.

남경태 장르의 특성을 살리지 못하면 대부분 실패하지.

고성국 쉽게 가려다 보니 그런 현상이 나오는 거 같아. 시간과 노력, 실패 가능성 등을 부담하면서 시나리오를 쓰느니 상품성이 어느 정도 검증된 소설을 원작으로 하는 게 남는 장사니까.

남경태 그렇게 효율성만 따지다 보니까 공부도 시험에 나오는 데만 하고 답만 외우는 거 아니겠어. 서양미술사를 배우더라도 사실주의는 언제 누구누구, 인상주의는 언제 누구누구 이런 식으로 가르치고. 정작 미술 작품은 안 보여주고 이걸 외우고 있어. 그래서 사실주의에서 왜 인상주의로 가는지 모른다고. 나중에 번역 일을 하면서 알게 되었는데, 사실주의와 인상주의가 나온 데에는 나름대로 역사적 배경이 있어.

서양의 미술 작품은 고대의 인물화에서 시작하는 거야. 그러다가

"그렇게 효율성만 따지다 보니까 공부도 시험에 나오는 데만 하고 답만 외우는 거 아니겠어. 서양미술사를 배우더라도 사실주의는 언제 누구누구, 인상주의는 언제 누구누구 이런 식으로 가르치고. 정작 미술 작품은 안 보여주고 이걸 외우고 있어. 그래서 사실주의에서 왜 인상주의로 가는지 모른다고." _남경태

근세에 오면서 풍경화라는 게 생기지. 이때까지 미술의 가치라는 건 있는 사실 그대로를 묘사하는 거였어. 사진이 없을 때니까. 정확하고 신속하게 모사하는 게 화가의 능력이었지. 훌륭한 화가라면 10분 안에 교황을 보면서 세밀한 초상화를 그릴 수 있어야 해. 여하튼 그렇게 사실주의가 극도로 발전하다가 전환기를 맞게 돼. 1839년에 다게르라는 사람이 은판 사진술을 발명하지. 순간을 영원히 기록하게 되는 거야. 그러자 초상화를 그리던 화가들이 일자리를 잃게 돼. 그래서 찾아낸 대안이 풍경이었던 거야. 인상파가 나타난 거지. 인상파라는 게 뭐냐? 모네 같은 화가들이 그랬듯이 시시각각 변화하는 풍경을 화폭에 담아내는 거야. 많게는 하루에 14점을 그리기도 했다잖아. 빛에 따라서, 시각에 따라서 달라지는 풍경을 보여주는 거야. 사진은 그럴 수 없거든. 이런 걸 아무도 안 가르쳐줘. 나쁘지 않아?

고성국 개인적으로 학생들에게 권하는 책 중 하나가 곰브리치의 『서양미술사』야. 지금 얘기한 바로 그 방식, 즉 미술을 통해 역사를 보여주는 거야.

남경태 미술이라는 게 이미 현실이 얽혀 있는 거거든.

고성국 그렇지. 그리고 대학 시절 재밌게 봤던 책이 아르놀트 하우저의 『문학과 예술의 사회사』야. 각 장마다 건축에 관한 이야기로 시작하는데 그때까지만 해도 나는 건축이 중요한 예술 분야라고 생각하지 않았거든. 그런데 읽고 나서 생각이 바뀌었어. 건축이야말로 예술적 상징이 강한 분야지.

남경태 중요한 예술 기법 중에 건축에서 나온 게 많아. 원근법 같은 경우가 그렇지.

고성국 그래서 미술사가들이 책을 쓸 때 굳이 건축에서부터 시작하는 거 같아.

남경태 게다가 건축을 설명하면 미술관에 안 가도 되거든. (웃음) 일상 생활에서 설명할 수 있지.

고성국 그게 가능한 것도 문화사를 원리론적으로 이해하고 썼기 때문이야.

남경태 그게 진짜 공부지.

고성국 우리나라에서 그럴 수 있는 사람이 몇이나 될까 하는 생각이 들어. 많지는 않겠지. 그래서 우리나라에는 원리 교육이 부족한 거 같아. 안 가르치는 게 아니라 못 가르치는 거야. 유럽에는 뛰어난 학문적 업적을 남긴 사람 중에 교사 출신들이 많아.

 사르트르도 고등학교 철학 교사였지. 프랑스에서는 고등학교 교사라는 직업 자체가 굉장한 명예야.

고성국 파브르도 그랬지. 그들은 청소년을 가르치는 일에 자긍심을 느끼는 것 같아.

남들과 다르게, 남들을 위하여 공부하라

남경태 원리를 가르칠 수 있는 우수한 교사들을 양성하는 것과 함께, 학문 자체를 다양한 측면에서 바라보는 게 필요한 것 같아. 아까 수학의 원리에 대해 얘기했지만 이게 오로지 수학에서만 통용되는 개념이 아니거든. 학문과 학문 사이에는 유사성과 차이점이 동시에 존재해. 흔히 말하는 통섭이라는 건데, 미술과 문학, 건축, 음악 등 다양한 분야를 통합적으로 가르치는 거야. 좀 더 넓은 시각에서 말이지. 그러면 학생들이 훨씬 풍요롭게 공부할 수 있을 거라고 생각해.

예를 들면 프랭크 로이드 라이트라고 20세기 초반까지 활동했던 유명한 건축가가 있어. 이 사람이 말하길 "르네상스 이후의 건축은 다 잘못됐다"는 거야. 근현대의 건축은 파사드(facade)를 강조해. 건물의 앞면과 골조를 강조하는 거야. 근데 이 사람이 볼 때 그건 본말이 전도된 거라는 거지. 건물의 용도는 골조가 아니라 골조 안에 담긴 공간에 있는 거 아니겠어. 노자의 도덕경에 나오는 "그릇의 쓰임새는 그릇의 우묵한 곳이다. 흙에 있는 게 아니다"라는 말과 일맥상통하는 거야. 현대 건축학이 인간에 주목하는 이유도 그래. 도시를 건설하거나 집을 짓는 것도 결국은 거기에 사는 사람을 위한 거거든.

고성국　인간을 빼놓고 건축을 말하는 건 옳지 않지. 그래서 결국 건축도 '인문학'이라는 말이 나오는 거야. '통섭' 하니까 떠오르는데 예전에는 의대에서도 민주주의론이나 정치학개론이 개설되었잖아. 나도 몇 번 강의했는데 학생들은 별 관심이 없더라고. 사실 강의하는 입장에서도 의대생들이 무슨 민주주의냐 하는 마음을 먹게 돼. 그래도 기왕 하는 거 의미 있게 해보자 해서 생각해낸 게 '질병에도 사회적인 배경이 있다. 너희는 병을 고치는 사람들이다. 그러니 당연히 사회와 역사를 알아야 한다'는 논리였어.

남경태　사실이 그렇잖아.

고성국　그때가 1985년, 86년 무렵이니까 요즘처럼 '의학의 사회사' 같은 개념이 없을 때야. 그래서 얕은 지식이나마 총동원해서 자료를 뒤졌지. 유럽에서 귀족들의 토지 쟁탈전인 인클로저 운동이 시작되면서 농민들이 도시로 밀려들어. 열악한 환경에 인구가 늘어나면서 흑사병이 집단 발병하고 모직 공장에서 일하는 노동자들은 결핵에 걸리지. 현대로 오면서 이런 일들은 줄었지만 대신 다른 질병들이 속속 생기고 있잖아. 이런 내용을 가르치니까 의대생들도 관심을 보이더라고. 가르치는 나도 많은 걸 알게 되었고. 통섭이라는 게 높은 관심과 집중을 유도해냈던 거지.

 현실에서는 이미 통섭이 진행되고 있단 말이야. 학문 분야에서야 음악 따로 경제 따로 배우고 가르치지만 현실에서는 함께 간다는 거야. 예를 들어 에드문트 후설이라는 철학자가 있고, 우리가 잘 아는 미술가 피카소가 있지. 동시대를 살았지만 이들 사이에는 왕래가 없었어. 그런데 놀랍게도 후설의 현상학과 피카소의 입체파 그림은 같은 메시지를 담고 있어. 후설이 보기에 원뿔을 원뿔로서 인식하게 해주는 건 현상학적 직관이야. 위에서 보면 원이고 옆에서 보면 삼각형이잖아? 인간에게는 이상의 모습을 머릿속에서 조합해서 하나의 도형, 즉 원뿔로 인식할 수 있는 능력이 있다는 거야. 그럼 이제 피카소를 볼까? 작품 중에 〈아비뇽의 처녀들〉이라는 게 있어. 코는 옆을 향하고, 눈은 앞을 향하고 있어. 실제로는 그럴 리가 없는데도 피카소는 이걸 굉장히 '사실적인' 그림이라고 해. 무슨 뜻이냐면 우리가 흔히 그 사람의 앞면 즉 얼굴만 보는 것 같지만 실제로는 뒤통수도 같이 인식하고 있다는 거야. 피카소는 이걸 캔버스에 2차원적으로 표현한 거야.

 그러기까지 많은 실험이 있었지. 스페인의 피카소 미술관에는 아비뇽의 처녀들이 나오기까지 다양한 변화를 보여주는 작품들이 모두 전시되어 있어. 구상적인 모습에서 추상적인 모습으로 변해가는

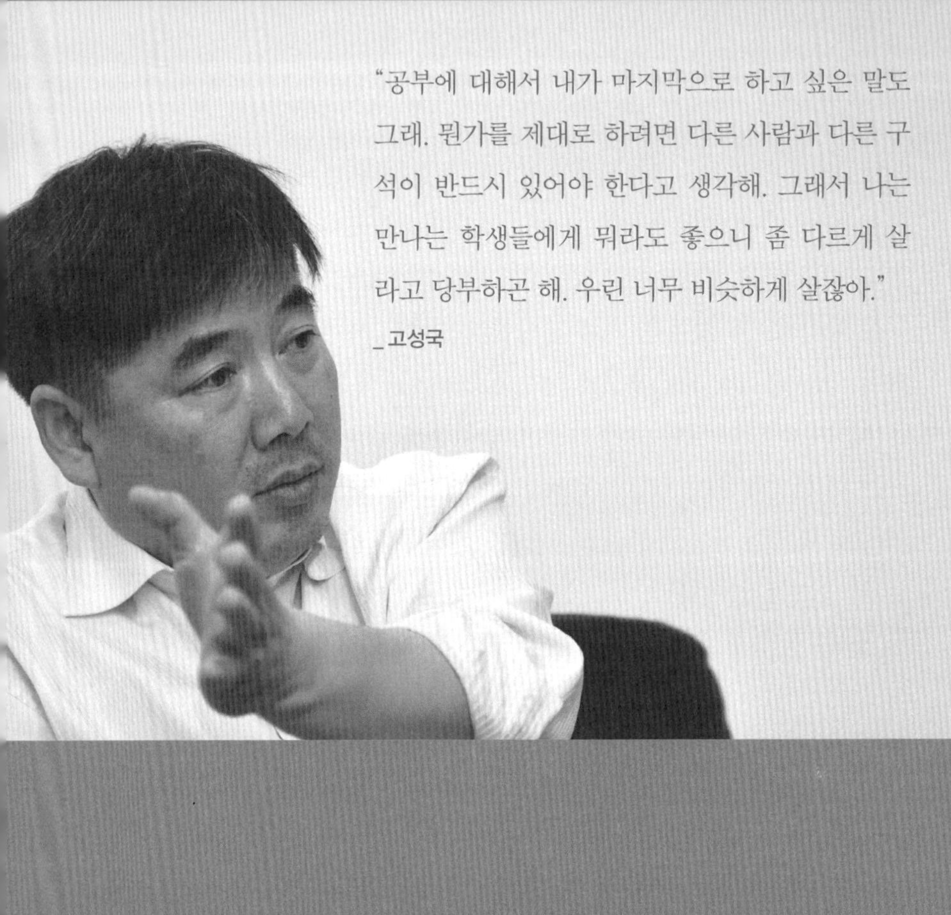

"공부에 대해서 내가 마지막으로 하고 싶은 말도
그래. 뭔가를 제대로 하려면 다른 사람과 다른 구

모습을 한눈에 볼 수 있지. 그때 들었던 느낌은 피카소가 자기만의
세계를 열고자 많은 실험을 했구나 하는 거였어. 처음에 이렇게 해
보고, 여기서 조금 바꿔보고, 또 바꿔보고……. 지금 우리가 아는 피
카소가 어느 날 갑자기 하늘에서 뚝 떨어진 게 아니야. 물론 피카소
는 천재지만, 데생 시대부터 청색 시대를 거쳐서 입체파로 가기까지
많은 단계가 있었고 그때마다 아주 치열하게 탐색하고 실험하는 과
정을 거쳤거든. 대가는 어느 날 갑자기 나타나지 않는다, 99퍼센트의
노력이 있을 때 1퍼센트의 천재성이 발현된다는 사실을 확실히 보여
주더라고.

남경태　그런 면에서 피카소는 위대한 화가이자 철학자이기도 한 거야.
어느 한 분야의 대가는 그런 것 같아. 자기가 속한 분야를 초월하지.
바둑 두는 조훈현이라는 사람 알지? 이 사람이 1953년생인가 그런데
학력으로 말하면 초등학교 졸업이야. 게다가 오랫동안 일본에서 생활
해서 처음엔 한국말도 서툴렀거든. 그런데 언젠가 TV에서 인터뷰하는
걸 봤는데, 바둑은 물론 삶에 대한 통찰이 대단하더라고. 그래서 생각
했지. 뭔가 하나에 도통한 사람은 다른 분야와도 통하는구나…….

고성국　공부에 대해서 내가 마지막으로 하고 싶은 말도 그래. 뭔가를
제대로 하려면 다른 사람과 다른 구석이 반드시 있어야 한다고 생각
해. 그래서 나는 만나는 학생들에게 뭐라도 좋으니 좀 다르게 살라고
당부하곤 해. 우린 너무 비슷하게 살잖아.

남경태　책을 고를 때도 그래. 보고 싶은 책을 고르기도 전에 "요즘 잘나가는 책이 뭡니까?"라고 묻는다니까. 잘나가는 책에 날개를 달아주는 거지. 우리나라 사람들은 주변을 따라가고 싶어 해.

고성국　서로 눈치를 보지. 옆에 애가 놀면 왠지 나도 좀 놀아도 될 것 같고, 누가 밤새워 공부한다고 하면 졸려 죽겠어도 어쨌든 나도 밤새우는 흉내는 내야 하고……. 비슷한 사고방식과 생활방식을 권하는 사회에서 특별한 게 나올 수가 있을까?

남경태　재미도 없잖아.

고성국　공부는 눈치껏 하는 게 아니라 자기와의 싸움이 되어야 해. 그게 대학이 됐건 아니건 한번 승부를 걸어야겠다면 해보는 거야. 인생이라는 게 그러면서 매듭을 지어나가는 거거든. 비록 이번엔 졌다고 해도 다음을 준비하면 되니까. 남들 대학 가니까 나도 가고, 남들 취직하니까 나도 하고, 대충 남들 하는 대로 따라가다 보면 나중에 공허해져. 분명히 인생의 어느 대목에선가 나만의 삶, 나만의 존재를 느껴야 한다고 생각해. 그렇게 '사고 치는' 사람들이 많아질수록 재미있고 살 만한 사회가 되는 거고.

남경태　그러게 말이야. 그런 의미에서 우리 모두 좀 더 삐딱해지자고.

4

행동하는 정의가
필요하다

누가 정의를 정의하는가

고성국　정의는 본질적으로 인간에 대한 문제라고 생각해. 어느 날 하늘에서 뚝 떨어진 게 아니니까. 게다가 비슷한 개념인 도덕과 달리 정의에는 보편적인 가치나 법칙이 없어. 사회 상황에 따라 달라질 수밖에 없지. 그래서 '정의(正義)를 누가 정의(定義)하는가'가 정의의 문제를 다룰 때 핵심적인 질문이 되는 거야.

남경태　사회마다 우선하는 가치가 다르니까. 하지만, 형이 말했듯이 정의도 어차피 '인간의 문제'인 만큼 보편성도 있지 않을까. 예를 들어 고조선의 8조법금(八條法禁)이나 고대 그리스의 드라콘 법전(B.C. 624년경 제정된 최초의 성문법)을 보면 공통으로 금하는 게 있잖아. 예컨대 "사람을 죽인 자는 사형에 처한다" "도둑질한 자는 그 사람의 노예가 된다"는 식인데 이런 것들이 동서양을 막론하고 당시의 보편적인 가치를 반영한다고 할 수 있다는 거지. 물론 차이도 있어. 이슬람 사회 일부에서는 아직도 여자가 바람을 피우면 돌팔매로 죽이는 식의 관습법이 남아 있듯이. 그러니 정의에는 보편성과 특수성이 모두 있는 것 같아.

고성국　물론 그렇지. 하지만 내가 왜 '정의하는 자'가 중요하다고 했느냐면, 정의를 제대로 구현하려면 실천이 필요하기 때문이야. 예컨대 "가난한 사람도 최소한의 생활을 할 수 있도록 해주는 것"이 정의라면 그럴 수 있도록 적절한 자원의 배분 체계가 만들어져야 하거든. 그런데 이 '자원의 배분 체계'라는 게 다른 말로 하면 '권력'이잖아. 그래서 정의와 권력은 동전의 양면 같은 거지.

남경태 정의는 세 개의 얼굴을 가졌다고 생각해. 첫째가 지금 형이 말한 정치적인 측면—사회를 조직화하고 자원을 배분하는 것, 그다음이 법적인 측면—어떤 것을 처벌하고 어떤 것을 범죄라고 규정하느냐, 마지막 세 번째가 도덕적인 측면—도덕적으로 어떤 것이 관습에 위배되느냐—이지.

고성국 정의는 철저하게 역사적인 개념이기도 해. 특정 시기에 특정 사회에서 그것이 정의라고 규정됐거든. 인류의 역사를 보면 그렇게 정의를 규정했던 사람이 대개 그 사회의 지배자들이었지. 이를테면 왕이 지배하던 사회에서는 왕이 정의를 규정했고, 마찬가지로 종교에서 정의는 제사장이나 교주들이 규정했고…….

남경태 형의 말을 들으니 니체라는 철학자가 생각나네. 진리를 묻지 말고 누가 진리를 말하는가를 물으라고 했지, 아마? 진리란 그 자체로 존재하는 게 아니라 누군가 어떤 의도로 규정하는 게 진리라는 거지. 그렇다면 정의도 그 자체로 존재한다기보다는 누가 정의를 규정하느냐에 따라 내용이 달라질 수 있을 거야. 그래서 정의에는 처음부터 힘의 관계, 즉 권력이 개입되는 것일 테고.

고성국　　　그렇지. 그래서 '정의(正義)'에는 지배와 피지배 개념이 들어 있어. 과거에는 정의를 빙자한 행위가 오히려 정의롭지 못한 것 즉, '부정의(不正義)'인 경우가 많았어. 오로지 지배자들의 이익을 위해 정의의 이름으로 부정의가 행해지는 모순이 만연했던 거지. 그랬던 정의가 점차 보편성을 획득하면서 오늘날까지 발전해온 거야. 그래서 현대 사회에서 정의를 얘기할 때 중요한 게 '과연 이게 보편적 가치인가?'를 따져보는 일이야.

로마 황제가 시민의 환심을 사려 했던 이유

남경태　　　현대 사회에서는 선출된 사람들에 의해 '대의(大義)'가 정의되지만 이전에는 이걸 전제 군주가 혼자 했으니 자의성이 개입될 확률이 높았지. 여기서도 동서양의 차이가 있는 것 같아. 아까 말한 대로 정의의 세 가지 측면 즉, 도덕적·정치적·법적 측면 중에서도 서양은 법적인 정의가 발달하고 동양은 도덕적인 정의가 발달한 측면이 있거든. 도덕과 법을 어떻게 규정하느냐에 따라서 해석의 차이는 있겠지만. 동양에서는 전세가 불리해졌을 때 왕이 먼저 도망가는 경우가 비일비재했잖아. 고려시대나 조선시대에도 그랬고, 심지어 현대라고 볼 수 있는 한국전쟁 때도 대통령이었던 이승만이 한강 다리를 사수하겠다고 공언하고서는 3일 만에 서울을 버렸고. 아예 인민군의 남하를 막으려고 다리를 폭파시키기까지 하잖아. 근데 서양에서는 이런 경우가 많지 않아. 그쪽은 로마 시대부터 시민의 지지를 받지 못하면 지배자의 권위가 성립되지 않는다는 관념이 확실해. 이건 지배자의 도덕적 자질보다는 사회 성격 자체의 차이 때문일 거야. 동양은 사직 (社稷) 중심이잖아. 왕이 하늘에서 내려와서 천리(天理)를 받들며 인간 세상을 지배하는 사람이었으니, 백성은 피동적인 존재였을 수도 있었지. 물론 동양에도 민본 사상이라는 게 있었지만 왕의 권위에 대한 해석은 서양과 차이가 분명히 있는 거 같아.

내가 강의를 할 때 자주 인용하는 예가 있어. 중국 한(漢)나라와 로마 얘기야. 한나라 황제는 명령과 논공행상, 권위만으로도 나라 전체를 지배했는데 비해서, 로마 황제는 피지배자들로부터 권위를 얻고자 많은 노력을 기울이지. 중국 황제보다 로마 황제가 훌륭한 사람이었다는 뜻이 아니라 위상이 달랐다고나 할까? 한나라 황제는 천하의 오너로 세상 모든 것을 가졌지만, 옥타비아누스는 재산이라고 해봐야 집하고 자기 손으로 정복한 식민지 이집트밖에 없었거든. 나눠줄 게 별로 없었던 거지. 그래서 서커스를 해. 원형 경기장을 짓고 검투사 경기를 벌이는 거지. '서커스circus'의 어원도 바로 이 원형 경기장이잖아. 아무튼 로마의 황제는 시민에게 인기를 얻으려고 사비를 들이면서까지 노력해. 이런 것을 보면, 인정하기 싫지만 제도적인 측면에서 서양이 동양을 앞섰다는 느낌이 들어. 동양은 상대적으로 정의가 도덕의 차원에 많이 머물러 있지 않았나 싶은 거지.

고성국　조금 다른 측면에서 볼 수도 있지 않을까? 동양은 왕조가 바뀌면 세상도 바뀌는 거로 인식했잖아.

남경태 그렇지. 하늘의 특명을 받는 사람 즉, 천자(天子)가 바뀌는 거니까.

고성국 그래서 왕조가 바뀔 때마다 법을 고치거든. 그게 법전의 형태를 취했던 거고. 이를테면 유교가 지배하던 시기에는 유교의 통치 이념을 구현한 법을 만들었던 거지. 조선이 건국되자마자 왕의 지시를 받은 정도전이 『경국전』을 간행하잖아.

남경태 법을 제도화하는 작업이 그때 시작된 거지.

고성국 그래서 '동양은 윤리고, 서양은 법이다.' 이렇게 보는 것은 일면만 보는 것이라고 할 수 있어. 오히려 중세의 동양이야말로 법에 의한 지배가 철저하게 구현된 사회였던 반면에 기독교가 지배했던 서양의 중세는 법 위에 종교가 있었던 거지.

남경태 서양의 법은 교회법에서 나오고.

고성국 그런데 이 교회법이라고 하는 것이 교리를 체계화한 것이기 때문에 동양의 법하고는 좀 달랐거든. 근대적 의미에서의 법하고도 다르고. 엄밀하게 따지면 종교에 의한 지배이지 법에 의한 지배가 아니라고 할 수 있어. 그리고 성문법(成文法)과 불문법(不文法)의 차이도 꽤 중요해. 보통 법전을 새로 쓸 경우 이전까지의 법 중에서 계승할 것은 계승하고 고칠 건 고치게 되지. 그러면서 현실에 맞게 법이 계속 경장(更張)되는 거고. 그런데 불문법 형태는 글로 정리된 것이 아니므로 불분명하다는 거야. 관습에 의해서 전해 내려오는 것이라서 해석하기 나름인 거지. 그런 점에서 보면 서양은 권력에 의한 자의적 지배가 쉬운 법 체계를 중세까지 갖고 왔다고 할 수 있어. 근대로 넘어오면서 이러한 비법(非法)적인 권력 체계가 근본적으로 변화하게 되잖아. 시민 혁명과 사회계약론 때문에 성문법의 중요성이 강조되고……. '계약'을 하려면 문서화된 계약서가 있어야 하잖아.

근대 이전까지 동양에서 전해 내려오던 성문법이 이 시기에 들어 비로소 서양에서도 체계화되는 거지. 바로 근대법의 탄생이야. 이렇게 체계화된 서양의 근대법은 지금 우리가 알고 있는 일반적인 법의 모태가 돼. 식민지 팽창을 통해 전 세계로 뻗어나간 이들의 법을 동양에서도 받아들이지 않을 수 없게 되지. 이런 역사적 배경 때문에 서양은 법이, 동양은 윤리나 도덕이 지배하는 사회라는 오해가 생긴 게 아닌가 싶어.

남경태 동양이 일찍부터 법 개념과 성문법을 발달시킨 건 분명히 사실인 것 같아. 그런데 그 기반에 뭐가 있느냐면 동양은 닫힌 국가, 즉 처음부터 영토 개념이 있는 완성된 국가로 출발했다는 사실이야. 이에 비해 서양은 전일화된 행정력이 발달한 적이 없어. 그러니까 로마 시대에만 법이 있었다고 보는 거지. 그 시대 다른 지역에서는 그렇지 않았거든. 지금까지도 불문율 즉, 불문법의 전통이 강한 영국의 경우가 그래. 그래서 배심원 제도가 발달한 거고. 결국 사람이 판단한다는 거거든. 판사는 재판을 진행하고 판단은 법 조항이 아닌 상식을 가진 일반인이 알아서 한다, 이런 개념인 거야. 중국 당나라만 해도 율령격식(律令格式, 수·당대에 완성한 국가적 성문법 체계)이 있었단 말이야. 율과 령은 지금으로 보면 완전 헌법이나 다름없어. 동양에는 영토가 확정된 완전한 나라가 있으니까 이런 헌법을 만들 수가 있었던 거고, 서양은 그나마 로마제국이 무너진 후부터는 웬만한 나라가 없잖아. 그래서 그동안 근대 이전까지 변변한 법전이 없었던 거고. 이렇게 보면 고대의 동양은 분명히 서양보다 선진적인 체제였던 것 같아. 나중에는 선진 체제에 안주하느라 역전당하게 되지만.

독재자의 정의와 시민의 정의

고성국 다시 정의 문제로 돌아갈까? 우리는 보통 정의를 윤리적인, 어떤 정언명령처럼 생각하는 거 같아. 그런데 그렇지 않거든. 제도적인 측면이 큰 거야. 그래서 동서양을 막론하고 제국이 들어서면서 제일 먼저 정비하는 것이 법률과 도량형이잖아.

남경태 화폐, 문자, 이런 걸 통일하는 거지.

고성국　관복도 통일하잖아. 제국에서 도량형은 정의의 직접적인 출발점이라고 할 수 있어.

남경태　도량형 하니까 저울이 생각나는데, 정의의 여신인 아테나도 한 손에 저울을 들고 있잖아?

고성국　그렇지. 저울이야말로 공평무사, 즉 정의를 상징하지.

남경태　정의를 '공평'으로 이해한 건 오래전부터 이어진 인류의 보편적인 생각인 것 같아.

고성국　정의는 윤리적 삶이 아니라 공평함에서 시작하거든. 현대 사회에 들어와서도 이러한 생각은 폭넓게 자리하고 있어. 존 롤스(John Rawls)나 마이클 샌델(Michael J. Sandel)이 정의를 얘기할 때도, 핵심은 과연 현대 사회에 어떠한 사회 구조와 운영 시스템이 가장 공평무사하게 자원을 배분하고 인간관계를 유지하게 할 수 있느냐 하는 거야. 이것하고 우리가 흔히 "피 끓는 정의감" 식으로 표현하는 그것하고는 구별할 필요가 있어. 그런 정의는 우리 근현대사에서 많이 보아왔잖아. 부당한 독재정권에 맞서 몸을 던진 사람만 해도 수천 명이야. 덕분에 그때보다는 나은 세상에 우리가 사는 거고. 하지만 정의를 '공평함'이라는 척도로 보면 우리 사회는 여전히 정의롭지 못한 사회라고 할 수 있지.

남경태 공평에 대한 인류의 욕구는 거의 본능에 가깝다고 할까?

고성국 그런데 우리는 그걸 구현하지 못했어. 지난 60년간, 일제강점기까지 포함하면 100년의 세월 동안 왜곡되고 압축된 산업화 과정을 거치면서 제대로 된 자본주의적 정의조차 구현하지 못했거든. 왜곡된 역사를 거치면서 겪게 된 비극이라고 할까. 한국 자본주의에는 아직도 천민성, 공평하지 못한 부정의가 곳곳에 뿌리 박혀 있어. 이걸 어떻게 극복하느냐가 우리 처지에서는 핵심 과제라고 할 수 있지.

남경태 우리나라뿐만 아니라 인류의 역사를 봐도 실질적인 공평함이 실현된 적은 없잖아. 서구 민주주의 사회도 마찬가지고, '공평'이 당위이긴 하지만 현실적으로 어려우니까 이를 제도적으로 강제한 측면도 있거든. 오바마의 한 표와 평범한 시민의 한 표가 똑같이 집계된다는 의미에서 미국 사회가 공평하다고는 할 수 있지만, 사실 그 둘의 권력 차이가 어마어마하다는 건 누구나 쉽게 알 수 있잖아. 공평하다는 말 뒤에 사실상의 불평등이 숨어 있는 거지. 오히려 공평이라는 이데올로기가 진정한 공평을 은폐하고 있는 게 아닌가 싶어.

또 하나는, 위정자 대부분이, 심지어는 독재자까지도 정의를 부정한 적이 없다는 거야. 누구든 자기가 공평하다고 그래. 심지어 시민을 학살하고 집권한 전두환도 "정의 사회 구현", "질서는 아름답다"는 말을 떠들어댔단 말이지. 가끔은 정말 궁금해. 그들이 진짜 스스로 정의롭다고 생각했던 건지 아니면 정의를 이데올로기 삼아서 정권 유

"지난 60년간, 일제강점기까지 포함하면 100년의 세월 동안 왜곡되고 압축된 산업화 과정을 거치면서 제대로 된 자본주의적 정의조차 구현하지 못했거든. 왜곡된 역사를 거치면서 겪게 된 비극이라고 할까. 한국 자본주의에는 아직도 천민성, 공평하지 못한 부정의가 곳곳에 뿌리 박혀 있어. 이걸 어떻게 극복하느냐가 우리 처지에서는 핵심 과제라고 할 수 있지."_고성국

"우리나라뿐만 아니라 인류의 역사를 봐도 실질적인 공평함이 실현된 적은 없잖아. 서구 민주주의 사회도 마찬가지고, '공평'이 당위이긴 하지만 현실적으로 어려우니까 이를 제도적으로 강제한 측면도 있거든. 오바마의 한 표와 평범한 시민의 한 표가 똑같이 집계된다는 의미에서 미국 사회가 공평하다고는 할 수 있지만, 사실 그 둘의 권력 차이가 어마어마하다는 건 누구나 쉽게 알 수 있잖아. 공평하다는 말 뒤에 사실상의 불평등이 숨어 있는 거지. 오히려 공평이라는 이데올로기가 진정한 공평을 은폐하고 있는 게 아닌가 싶어."_남경태

지에 이용했던 것인지. 전두환은 진짜 자기가 정의를 추구한다고 생각했을까?

고성국 그런 어려운 질문을, 그건 정말 전두환 본인이 아니면 대답할 수가 없겠는데……. (웃음)

남경태 아마 인류 역사상 지도자 대부분이 그랬을 거야. 적어도 말로는 공평한 게 좋은 거다 했겠지. 로마 황제나 중국 황제도 그랬을 거야. 지배자들이 즐겨 쓰는 '만민평등', 좋은 말이잖아. 누구에게나 통하거든.

고성국 왕조나 정권이 바뀌면 늘 정의를 내세웠어. 새로운 권력이 들어섰다는 건 그 이전 권력이 몰락했다는 뜻이니 말기에는 대체로 불평등이 만연했을 가능성이 있지. 그게 악덕관리에 의한 가렴주구 때문이었건 자연재해 때문이었건 아무튼 부익부 빈익빈 같은 사회 모순이 심화되었을 거고 그로 말미암아 과거의 권력이 몰락했을 거야. 그러니 새로운 권력은, 민심을 수습하기 위해서라도 정의를 내세울 수밖에 없었겠지.

남경태 고려에 이어 역사의 무대에 등장한 조선도 처음에는 농민들에 대한 수탈을 방지한다며 토지 제도를 개혁하잖아. 그런데 이게 논공행상 과정을 거치면서 그 취지가 무색해지거든. 원래 과전(科田)은 상속이 안 되는데 일등공신은 봐줬단 말이야. 그러다 보니까 제도에 허점이 생기고 나중엔 국가가 세금을 받을 토지가 부족해져서 세조 때는 직전법(職田法)으로 간다고. 현직 관료에게만 땅을 주고 상속시키지는 말라는 거지. 도대체 개국 초부터 공신들에게 땅이 얼마나 세습되었기에 저렇게까지 했을까 의문이지만 한편 이해도 가. 지금도 그렇잖아. 대통령이 정권을 잡았어. 그러면 선거 때 공을 세웠던 사람들한테 베푼단 말이지. 감투로 베풀든가 재산으로 베풀든가. 그래서 낙하산 인사가 여전한 거잖아. 그런데 일반 국민의 입장에서 보자면 이건 공평한 게 아니지. 하지만 지배자는 오히려 그게 공평한 거라고 생각할 수도 있어. 자기를 도와준 사람이니까 적절한 보상이 필요하잖아. 논공행상도 국민의 뜻이라고 정당화할 수 있다는 얘기지. 조선 초기 상황도 마찬가지였을 거라고 봐.

고성국　그래서 사림 쪽에서 공신록(功臣錄)의 불공평함을 지적하고 부당하게 공신에 책봉된 이들을 빼야 한다고 주장했지.

남경태　그걸 누구보다 강력하게 주장했던 조광조는 나중에 훈구파들로부터 반격을 당하고.

고성국　역사상 어떤 권력자도, 권력을 잡는 과정에서 같이 고생한 사람들한테 벼슬이나 권력을 나눠줄 때 정의를 기준으로 하지 않는다는 사실은 변하지 않는 거 같아. 공(功)은 정의하고는 다른 거라는 애기지. 그나마 민주주의 사회에서는 이런 폐단을 줄이려고 청문회라고 하는 제도를 두고 있지. 논공행상을 해도 좋은데, 다만 국민이 합의할 수 있는 최소한의 공정성은 확보하라는 뜻 아니겠어.

남경태 그렇겠네.

고성국 청문회가 요구하는 그 공정성이라는 게 아주 수준이 높은 게 아니야. 그저 법을 지키는 사람이었으면 좋겠다는 거거든. 청문회를 통과하지 못하고 낙마한 사람은 법을 안 지킨 사람들이야. 주민등록법, 조세법을 어긴 거거든. 일반인이라면 벌금을 물거나 감옥살이를 해야 하는 그런 범죄행위를 저지른 사람들인 거야. 당연히 불공정하다는 얘기가 나오지. 국민적 수준에서 요구되는 최소한의 공정성, 최소한의 정의를 지킨 사람에 한해서 대통령이 인사권을 행사하라는 요구가 나오는 거야.

행동하는 정의가 필요하다

남경태 요즘 인터넷을 하면서 '베스트 리플' 같은 걸 유심히 보게 돼. 읽어보면 형이랑 내가 젊었을 때하고는 정서가 많이 달라졌다는 느낌을 받거든. 공직자든 연예인이든 요즘은 돈이 최고야. 옛날 우리 때는 잘사는 놈은 왠지 곱게 안 보이는 정서가 있었잖아. 요즘은 돈 많이 버는 것 자체가 나쁜 건 아니라는 게 기본적인 생각인 거 같아. 물론 부정한 방법으로 돈 버는 거는 예나 지금이나 지탄의 대상이긴 하지만. 이렇게 돈과 재산을 불리는 것에 대해 과거보다 정서적으로 관대해졌음에도 불구하고 공직자에 대해서만큼은 공정성의 잣대가 엄격한 이유는 뭘까? 한편에선 어떻게든 돈만 벌면 된다는 생각이 팽배하고 또 한편에선 어떻게 고위 공직자가 주식이나 부동산 같은 걸로 재산을 불리냐 하면서 비난하고……

고성국 이중적인 게 있는 거 같아. 하여튼 그렇게 모순된 감정이 보통 사람들 사이에 있기는 하지만 기본적으로 고위 공직자에게는 엄격한 공정성의 잣대가 요구된다는 데에는 이견이 없는 거 같아. 사실 이 공정함이야말로 보통 사람들이 생각하는 정의의 핵심이거든. 그런 면에서 우리나라 사람들은 정의의 도덕적인 측면을 중요하게 생각한다고 봐야지. 그다음으로 우리가 생각해볼 문제가 있어. 정의는 공정성 말고도 저항의 의미로도 읽히거든. 예컨대 친구가 힘센 애들한테 부당하게 괴롭힘을 당하고 있다. 그럴 때 그 친구를 위해서 같이 나서주는 거, 그런 게 정말 '정의'일까? 하는 문제 말이야.

남경태 그러면 '간섭'이야?

고성국 간섭은 아니지. 나는 오히려 이러한 저항을 '적극적 정의'라고 표현하고 싶어. 부당함에 대한 비판적 개념으로서 공정함을 '소극적 정의'라고 한다면, 그 부당함에 맞서 싸워 바로잡는 것이야말로 '적극적 정의'인 거지.

남경태　어떻게 보면 1980년대 사회운동에 나선 이유도 '적극적 정의'를 구현하고자 했기 때문이지. 그냥 평범하게 살아도 되는데, 자기의 행동이 정의롭고, 옳다고 믿은 거니까. 안 그래도 욕먹을 일은 아닌데 말이야. 그저 평범하게 나쁜 짓 하지 않고 살면 그 자체로 공정성을 지키는 거니까.

고성국　그렇지. 그래서 소극적 정의에 머무르지 않고 적극적 정의를 실천하려면 내가 이 행동을 왜 하는지에 대한 인식이 있어야 하는 거야. 그 결과 생길 부담과 고통과 책임을 분명히 알고 감행하는 거지.

남경태　그런데 만약에 아까의 예처럼, 세 명의 학생이 길을 가다가 우연히 누군가 구타당하는 장면을 봤어. 이 중 한 명은 용기 있게 개입을 하고, 나머지 두 명은 그냥 지나쳐. 그럼 이를 보고도 가만히 있은 두 친구는 정의롭지 않았다고 해야 하나?

고성국　적극적 정의를 실천하지 않은 거지.

남경태　사람을 직접 괴롭히거나 불법을 저지른 것도 아닌데?

"부당함에 대한 비판적 개념으로서 공정함을 '소극적 정의'라고 한다면,
그 부당함에 맞서 싸워 바로잡는 것이야말로 '적극적 정의'인 거지."
_고성국

고성국 불법이냐 아니냐와 상관없이, 그런 상황이 오면 스스로 힘들어질 수 있어. 적극적으로 정의를 실천해야 할 상황에서 그러지 못했으니 마음이 괴롭겠지. 예컨대 자괴감을 느낀다든가…….

남경태 가책이지.

고성국 과거 1970~80년대에는 민주화 운동을 한다는 게 용기가 필요한 일이었잖아. 그래서 여기에 동참하지 못한 많은 사람이 가책을 느끼며 살았어.

남경태 출세를 위해 고시 공부하던 친구들도 그런 가책이 없지는 않았던 거 같아. 어떤 친구들은 그래서 더 지독하게 수구적으로 돌아서는 일도 있었고.

고성국 그건 건강하지 못해서 그런 거 같아. 용기 없는 소시민일지언정 앞장서서 싸우는 친구를 걱정해주는 마음은 그것대로 소중하잖아. 시대에 대한 울분을 참지 못했던 김수영은 시를 통해 스스로 비겁하다고 고백하기도 했고. 그러니까 우리는 소시민을 미워할 수 없는 거야. 비겁하지만 그것이 곧 내 자화상이기도 하니까.

남경태 그런데 열심히 싸운 친구들도 가책을 느끼는 경우가 있는 것 같아. 싸움이라는 게 그렇잖아. 사실 전투경찰이 무슨 죄가 있느냐고.

왜 그 사람들이 돌을 맞아야 하지? 그런 생각이 들 때가 있거든. 시위를 하다 보면 전투경찰이 부상을 당하기도 한단 말이야. 80년대 시위가 한창일 때 얘기지만 전투경찰 뒤통수에 대고 돌을 던진 적이 있었어. 어두워서 확실하지는 않았지만 정통으로 맞은 것 같았어, 너무 기분이 안 좋고 미안하더라고. 80년대엔 그런 갈등도 있었던 거 같아. 정의를 구현하기 위한 행위가 의도하지 않게, 누군가에게 피해를 주는 부정의가 되는 건 아니냐 하는 생각이지. 크게 봐서는 정의지만 미세하게 들여다보면 누군가에겐 폭력이 되고 피해를 주는 모순이 생긴단 말이야.

고성국 폭력이 다 나쁜 건 아니라는 걸 말하고 싶어. 독재와 거악에 맞서 민주화 운동이나 사회운동을 하는 것은 저항적 폭력이지. 정의를 위해서 행동할 때 불가피하게 폭력이 수반되는 경우를 역사 속에서 많이 봐 왔잖아. 실정법을 지키는 것도 정의이지만 모순된 현실을 바꾸고자 적극적으로 행동하는 것은 '더 큰 정의'일 수 있지 않을까?

폭력과 정의

남경태 폭력도 정의로울 수 있다는 건가?

고성국 그렇지. 경찰이 가만히 있는데 갑자기 가서 한 대 때리는 게 아니

"정의를 구현하기 위한 행위가 의도하지 않게, 누군가에게 피해를 주는 부정의가 되는 건 아니냐 하는 생각이지. 크게 봐서는 정의지만 미세하게 들여다보면 누군가에겐 폭력이 되고 피해를 주는 모순이 생긴단 말이야."_남경태

거든. 권력의 횡포에 맞서는 행위는 자기 생존적·저항적 폭력이라고.

남경태 근데 거기에 동원된 경찰 자체가 나쁜 건 아니라는 걸 우리도
알잖아.

고성국 그래서 가책을 느끼는 거지. 보다 근원적으로는 비폭력 운동이
대안이 될 수도 있어. 때에 따라서는 비폭력 무저항 운동이 굉장히
강력할 수 있다고 봐.

남경태 '더 큰 정의'를 위한 희생이라는 모순도 살펴봐야 할 거 같아.
1980년대에 독재정권과 맞서 싸웠던 사람들이라면 공감할 테지만, 저
'놈'의 죄가 아닌데도 저 '놈'한테 화염병을 던지고 두들겨 패야 하는
상황이 온단 말이지. 그러면 인간인 이상 누구나 가책을 느낀단 말이
야. 물론 그랬을 때, 형이 말했던 식으로 정당화는 해. 그 근거는 '더
큰 정의'가 되고. 그런데 이 '더 큰 정의'라는 게 그 자체로 위험할 뿐
더러 반대파에게 역공을 당할 수도 있는 논리가 아닐까 해.

고성국 그래서 1987년 6월 항쟁 때 어머니들이 전경들의 가슴에다가
장미꽃을 달아줬잖아. 우리의 적은 너희가 아니라는 메시지를 준 거
지. 그런 식의 저항, 또는 그런 식의 정의, 그런 식의 행동이 실제로
효과적이기도 해. 문제는 당시 6월 항쟁은 누가 봐도 정당했다는 거
야. 이를 막는 경찰조차도 그렇게 생각할 정도였으니까. 비폭력을 상

징하는 저항은 그런 시점에서는 효과가 있어. 하지만 부당한 권력이 경찰을 동원해서 사람을 고문하고 죽이기까지 하는 상황에서 그들 가슴에 꽃을 달아주는 건 난센스일 수도 있지.

남경태 일상에서도 그런 모순된 상황이 있어. 이런 경우를 한번 생각해 보자고. 누군가 길을 가다가 구타 현장을 목격해. 약한 학생이 맞고 있는 거야. 그래서 정의감에 불탄 이 사람이 뛰어들어서 가해자를 한 대 쳐서 제압하지. 근데 경찰들이 오고 상황이 정리되는 과정에서 처음 그 가해자는 별다른 일 없이 풀려나지만 이 사람은 폭력 혐의를 얻게 되거든? 정의를 위해 폭력을 행사했지만 오히려 사회정의를 해쳤다는 경고를 받은 셈이지. 이런 모순은 잘 해결이 안 되더라고.

고성국 사법 정의가 살아 있으려면 약한 학생이 괴롭힘을 당하던 정황을 더 중하게 판단해야 하겠지.

남경태 그런데 실제로는 그렇지 않더라고. 얼마 전 술 취한 사람이 성추행하는 장면을 목격하고 이를 제지하기 위해 폭력을 행사한 버스 운전기사가 10개월 실형을 받았다는 기사가 났어. 사회 통념상으로는 당연히 무죄여야 하는데 실정법에서는 그렇게 보지 않는 거야. 어찌 되었든 간에 폭력은 폭력이라는 단순한 논리로 가는 거지. 이해가 전혀 가지 않는 것도 아니야.

고성국 그런데 그런 판결이 나오면 앞으로…….

남경태 누가 적극적 정의를 실천하겠느냐고.

고성국 그렇지. 그런 식의 사법적 판단은 문제가 있다고 생각해. 상식적으로 봐도 부당한 선고니까 2심, 3심으로 가면서 바로잡히지 않을까.

남경태 어쨌든 폭력이라는 것이 정의를 위한 유일한 수단처럼 보이는 상황에서 그 폭력을 어떻게 정당화하느냐, 그리고 그 정당화가 어느 정도의 객관성을 얻을 것이냐 하는 것은 참으로 어려운 문제인 거 같아.

고성국 부정의를 교정하기 위해서 폭력을 사용할 때 이게 불가피하고 최종적인 방법인가에 대한 자기 판단이 필요하겠지. 그리고 행동에 나섰다면 그에 따른 실정법상의 제재를 감당할 수밖에 없는 거 아니겠어?

남경태 일종의 부조리가 되는 거지. 사실은 그런 것들을 법이 보호해 줘야 하는데 법이라는 것이 '동기'를 완벽하게 이해해주지 않잖아. 아무리 동기가 선해도 결과가 폭력이면 폭력인 거야.

고성국 그래서 불복종 운동이 있잖아. 일부로 법을 지키지 않아서 그

법 규정을 사문화시켜버리는 것. 나는 법과 도덕, 법과 행동 간에는 늘 괴리가 있을 수밖에 없다고 생각해. 법이라고 하는 것이 그 속성상 보수적일 수밖에 없잖아. 늘 사회 변화에 뒤처지게 돼 있어. 따라서 그 사이에는 간극이 있을 수밖에 없고 이것을 '인간'이 채워넣을 수밖에 없는 거지.

남경태　법이 현실을 쫓아가지 못한다는 것, 인간 행동의 동기까지 파악해서 보호해주지 못한다는 건 분명한 거 같아. 여기서 한 가지 더 얘기해보고 싶은 건, 적극적 정의를 구현하기 위해 실정법을 어겼을 때 그 사람은 '더 큰 정의'를 생각한다고 했잖아. 그런데 정말 '더 큰 정의'라는 개념이 가능한가, 즉 정의에도 위상의 차이가 있는 건가 하는 질문이 가능하다는 거야.

고성국　정의를 비교하는 건 위험할 수 있는데…….

남경태　그렇지. 위험할 수 있지.

고성국　아까 내가 얘기했던 '더 큰 정의'라는 게 다른 정의와 비교했을 때 우위에 있다는 뜻이 아니라 그렇게 행동한 사람이 마지막까지 포기할 수 없는 우선적 가치라는 의미에서 한 말이거든.

남경태　그런데 그 '가치'는 객관화하기 어렵잖아. 왜냐하면 그 가치에 반대하는 사람도 있을 테니까. 그걸 다수결로 할 수도 없고.

고성국 아니지, 객관화할 수 있지. 예를 들면 민주주의, 자유, 기본권, 이런 거는 관념적이지만 객관적으로 보편적 가치로서 인정받는 것들이거든.

남경태 그런데 그런 가치를 부정하지 않는 독재자들도 있잖아. 말로는 자유니 인권이니 떠들면서 민주주의를 부정하는…….

고성국 그거야말로 형식 논리만 앞세우는 거지. 과거 유신 때도 그랬잖아. '한국적 민주주의'니 '생활 민주주의니' 하고 말이야. 하지만 절대다수의 국민은 그게 거짓말이었다는 걸 알고 있었다고 생각해. 박정희 정권을 지지했던 국민조차도 유신(維新)이 정말 '한국적 민주주의'라서 지지했던 건 아니거든. 어쨌든 박정희를 지지해야 먹고살 수 있지 않겠느냐, 북한하고 싸워서 이기려면 그 길밖에 없지 않겠느냐 하는 생각이 많았으니까. 적어도 박정희 유신 체제가 독재라고 하는 것에 대해서는 절대다수의 동의가 있었다고 나는 생각해. 그래서 민주주의나 정의의 문제를 형식 논리로 풀 것은 아니라는 거지. 민주주의나 자유, 정의, 평등, 이런 것들은 관념에서 그치는 게 아니라 이미 현대 사회에서 보편적인 가치로 받아들여지는 거라는 사실에서 출발해야 한다는 거지. '더 큰 정의'라는 걸 개인적인 가치 판단의 차원이 아니라 객관적이고 보편적인 사회 가치의 문제로 봐야 한다는 거지.

남경태 좀 더 미시적인 접근도 필요할 거 같은데.

고성국 내 생각도 그래. 정의를 거대담론으로만 보는 건 옳지 않아. 오히려 나는 정의가 작아져야 한다고 생각해. 꼭 '큰 정의' 앞에만 적극적인 행동이 필요한 건 아니야. '작은 정의'에 적극적 행동이 더 필요할 수도 있다는 거지. 생활 속 불의 앞에서 분노하고 행동할 수 있는 정의 같은 것들 말이야. 별것 아닌 것처럼 보이지만 행동이 필요한 것들, 예컨대 분리수거 같은 것도 정의라는 관점에서 봐야 한다고. 또는 학창시절 개인에게 씻을 수 없는 상처를 주는 왕따 같은 사회현상에 대해서도 적극적 실천과 행동이 필요한 거잖아.

남경태 특히 약한 애들 괴롭히는 거.

고성국 우리나라 청소년들이라면 누구나 한 번쯤 직·간접적으로 경험을 해봤을 텐데, 이 '왕따'라는 게 모든 반마다 한두 명씩 있어. 워낙 익숙한 일이니까 다들 그런가 보다 하고 넘어가지만 사실 이건 분노하고 행동해야 하는 일이야. 이런 게 거창한 게 아니잖아. 일상에서 해야 할 것들이지. 지금 다니는 학교에도 불합리한 관행들이 얼마나 많아? 이런 것들을 고치려고 행동하는 것이 바로 정의지. '정의의 생활화'가 필요해. 그게 한 사회가 성숙해지는 길이야. 정의가 일상화, 생활화되지 않으면 우리 사회가 성숙해질 수 없어.

남경태　내가 제일 강조하고 싶은 건 이거야. '약한 것들 괴롭히는 버릇 갖지 마라.' 이건 제일 비겁한 짓이야. 만약 동물을 키운다면 차라리 센 놈은 괴롭혀도 이해가 돼. 그런데 작고 약한 동물들을 재미로 괴롭히는 애들을 보면, 어린아이인데도 인성을 의심하게 돼. 저 녀석 커서 뭐가 될까 싶은 생각마저 든다니까. 사람이든 동물이든 약한 것 괴롭히는 건 정말 나쁜 짓 같아.

고성국　얼마 전 고등학생들이 개를 죽인 일이 있었어. 무려 9마리를 납치해서 그냥 재미로 때려죽었다는 거야.

남경태　그건 정말 비겁하고 나쁜 짓이야. 강자가 약자를 괴롭히는 것, 다수가 소수를 괴롭히는 것, 그런 것들은 언제 봐도 피가 끓거든. 그래서 꺼낸 얘기야. 어쨌든 개념적 정의는 정의하기도 어렵고, 그걸 정의하는 사람이 권력자일 가능성이 크지. 형식적 정의도 마찬가지야. 당시 사회에서 권력을 가진 사람들의 이해관계가 반영되거든. 물론 민주주의나 진보, 자유 같은 개념들은 어느 정도 보편성을 인정받은 것들이지만 이런 것들 역시 형식적으로 접근하다 보면 현실성을 잃게 되는 경우가 있는 것 같아.

고성국　마무리도 할 겸 마이클 샌델의 『정의란 무엇인가』라는 책 얘기를 해야겠어. 오랫동안 베스트셀러에 오르면서 '정의'에 대한 사회적 논쟁을 불러일으켰지. 자본주의 첨단에 서 있다는 미국에서도 공정함과 정의에 대한 대중적 관심이 있다는 건 우리로서도 새겨봐야 할 일인 것 같아.

남경태 사회적으로 정의롭지 못한 측면이 꽤 있다는 거지.

고성국 우리나라도 그래. 많은 사람이 그러한 문제제기에 공감했다는 건, 이제 우리도 공정함과 정의의 문제를 직시하고 정말 진지하게 행동할 때가 됐다는 거지. 이명박도 그런 흐름을 읽어서 '공정 사회론'을 제시했지만, 전두환이 사회정의를 얘기했을 때와 마찬가지로 내세운 가치와 그걸 주장하는 사람의 삶이 불일치하기 때문에 희화화된 측면이 있어. 하지만 문제제기 그 자체는 매우 중요하거든. 앞으로 사람들이 정의 문제를 대할 때마다 냉소할까 봐 걱정이긴 하지만.

남경태 두 사람 모두 언어학적인 죄를 저질렀구먼! (웃음)

고성국 그래서 명실이 상부해야 한다는 말(名實相符, 이름과 실상이 서로 맞음)이 있는 거잖아. (웃음)

남경태 여기서 '거시적인' 얘기를 해야겠는데, 마오쩌둥은 못살아도 평등한 게 좋다고 했잖아. 현실 사회주의가 망하긴 했지만 어쨌든 평등의 이념을 구현하려고 노력했는데, 그게 지나치게 획일화되고 교조화된 측면이 있단 말이지. 사실 '평등'은 정의와 따로 떼어놓을 수 없는 중요한 개념이잖아. 따지고 보면 공정이란 개념도 평등에서 나온 거고. 말하자면 현대 사회에서 '평등'도 보편적인 가치관인데, 이게 현실의 자본주의 사회에서는 어느 정도까지 수용되어야 하는가 하는 문제를 생각해보자고. 원래 자본주의라는 게 출발점 자체가 평등하지 않잖아.

기회의 평등을 추구하는 길

고성국 평등을 두 가지로 나눠보자면, 하나는 '기회의 평등'이 있을 것이고, 다른 하나는 '결과의 평등'이 있지. 공산주의는 적어도 이념적으로는 기회의 평등이 아니라 결과의 평등을 추구했어. 마르크스가 '능력껏 일하고 필요한 만큼 가진다'고 했을 때 그 '필요한 만큼'이란 게 결과적 평등이잖아. 말 그대로 유토피아지. 불완전한 존재인 인간들이 사는 사회에서 '결과적 평등'은 이루어질 수 없는 꿈이야. 그래서 나는 현실에서 결과적 평등을 추구하면 파국을 맞이한다고 생각해. 왜냐하면 모든 사람이 만족할 만큼의 평등한 상태 즉, 결과적 평등을 이룰 수 있는 자원을 확보할 수 없거든, 영원히.

남경태 그럼! 지구의 자원이라는 게 원래 유한한 거잖아. 반면에 인간의 욕망은 끝이 없고.

고성국   그렇지. 그런 상황에서 결과적 평등을 강제하면 하향평준화밖에 안 돼. 그래서 현실 속에서 유의미한 평등은 오로지 하나, '기회의 평등'이지. 그게 바로 공정함의 출발인 거지. 그런 의미에서 평등은 정의와 한 뿌리에서 나온다고 할 수 있어. 그런데 기회의 평등이 왜 중요할까? 두 가지로 설명할 수 있어. 첫째, 기회의 평등은 모든 인간을 만족시킬 수 있다는 것이고, 둘째로 모두에게 공정한 기회를 줌으로써 모두가 열심히 도전하게끔 한다는 거지. 기회의 불공정이 생기는 순간, 인간은 의욕을 상실하지. 기회의 평등으로부터 이익을 얻는 건 모든 인간이지만 기회의 불평등으로부터 이익을 얻는 건 소수일 수밖에 없어. 아까도 말했듯이 자원은 한정되어 있으니까.

남경태   결과적으로는 남의 자원을 가지게 되는 거지.

고성국   불평등한 기회를 얻게 된 나머지 대다수 사람은 경쟁할 의욕을 상실해. 이것은 생산력 저하로 이어지고 결국은 사회의 퇴보로 나타나지. 그래서 기회의 평등이 중요한 거야. 흔히 자본주의 사회의 가치는 경쟁이고 평등은 배제해야 할 것처럼 생각하지만, 실제로 지속적으로 자본주의가 발전하려면 평등의 가치를 내면화해야 해.

남경태   그런데 자본주의 사회에서 기회의 평등이라는 게 가능할까? 예를 들어 예전에는 가난해도 소위 말하는 '일류' 대학교에 갔잖아. 그런데 지금은 이게 어렵다는 게 실제 통계로 드러나거든. 지금은 강

"흔히 자본주의 사회의 가치는 경쟁이고 평등은 배제해야 할 것처럼 생각하지만, 실제로 지속적으로 자본주의가 발전하려면 평등의 가치를 내면화해야 해."_고성국

남 출신들이 늘고 있잖아. 환경적인 요인이 점점 더 많이 작용한다는 거지. 돈 있는 집 자식은 고액 과외를 받고 그렇지 못한 집 자식은 변변한 공부방 하나 없으니 공정한 경쟁이 되겠느냐고. 이러면 그 아이들은 이미 출발점이 다른 거잖아.

고성국　부의 대물림이지. 계급화된 사회가 되는 거야. 영국이 지금 그렇단 말이야. 과거 전 세계에 식민지를 두었던 '대영제국'이 지금처럼 쇠퇴한 주요 이유 중 하나가 뭐냐면 바로 굳어진 계급 사회가 됐기 때문이거든. 귀족은 자자손손 귀족이고, 기업가 아들은 계속 기업하고, 노동자 아들은 계속 노동자가 되는 거야. 이 사람들은 다니는 학교도 다르고 취미생활도 달라. 노동자는 축구장에 가서 맥주나 마시면서 흥분하고, 부자들은 영국에서는 고상한 운동으로 통하는 테니스를 하고 연극을 보러 가고, 이런단 말이야. 하나도 같은 것이 없어. 음식, 입는 옷, 심지어는 쓰는 말도 다르지.

경제적 평등과 정의

남경태　프랑스 사회학자인 부르디외가 '학력 자본', '문화 자본'이란 말을 했는데 단순화해서 설명하자면 이런 거야. 부모가 고전음악을 들으면 자식도 그걸 들어. 그런데 부모가 이미자 노래를 들으면 자식도 그걸 듣게 된다는 거야. 화폐 자본만이 아니라 기호나 취향도 상속된다는 거지. 무서운 이야기야.

고성국　영국의 자본주의가 쇠락한 건 사회의 역동성을 잃어서야. 그래서 블레어나 캐머런 같은 전·현직 총리들도 보수건 진보건 영국 사회를 바닥에서부터 바꿔놓지 않으면 안 된다는 문제의식을 느끼고 있었던 거고. 노동당이나 보수당이나 방법의 차이가 있을 뿐 문제의식은 같아. 지금 우리 사회도 영국을 따라가는 것 같아 안타까워.

남경태　자본주의가 원래 그렇게 가기 쉬운 체제야.

고성국　우리나라도 좋은 대학을 가려면 중학교, 아니 초등학교 때부터 '투자'를 해야 하는 구조가 되어가고 있거든. 이런 식으로 부의 대물림이 굳어지면 결국 그 사회는 역동성을 잃게 돼. 그러니까 지금부터라도 이런 구조를 뒤집어야 해. '학력 사회'라는 구조 전체를 뒤흔들어야지. 대학 입시제도는 물론이고 교육제도 전반을 바꿔야지.

남경태　지금의 교육 정책이라는 게 결국은 성적으로 줄 세우기야. 교수로 있는 내 친구가 한 말이 아직도 기억나. 인천에 있는 대학이니까 세칭 일류라고는 할 수 없지만 거기도 '강남 학생'들이 꽤 있대. 오래전부터 과외도 받고 해서 입시성적도 좋은 편이고. 그런데 막상 대학에 들어와서 공부하는 걸 보면 외려 섬 지역 같은 데서 올라온 친구들이 낫다고 해. 강남 애들이 주입식 교육을 너무 받은 탓이지.

그 애길 듣고 내가 "너희 대학은 참 건강하다"고 반은 농담으로 말했다니까. 그나마 우리 사회에서 아직은 스스로 공부하는 방법을 깨우쳐 가면서 성공할 수 있는 여지가 남아 있다면 다행이라는 생각이 든 거지.

고성국 부의 대물림이 그 사회에 얼마나 해악을 끼치는지 서구의 선진 자본주의 국가들은 잘 알고 있어. 앞서도 말했지만, 워런 버핏이나 빌 게이츠 같은 거부들이 재산의 반을 기부하자는 운동을 하잖아. 정부에서 상속세를 낮춰주겠다고 하니까 반대를 하고, 오히려 더 내겠다고 하잖아. 상속세라는 게 부의 대물림을 제도적으로 막을 수 있는 장치거든. 상속세라는 제도에는 제아무리 돈을 많이 번 재벌가 자식이라고 해도 자기 힘으로 다시 시작해야 한다는 문제의식이 담겨 있다고. 그러면서 거부들이 조금 더 자기 자신을 돌아보고 사회적 책임을 느끼게끔 하는 제도란 말이야.

남경태 그런데 지금 우리 사회는 평등에 대한 요구를 성장 논리로 반박하잖아. '친기업적'이란 말도 그래서 나온 거고, '일단 파이를 키워놓고 보자. 분배는 그다음 문제'라는 논리는 우리 사회에서 막강한 힘을 가지면서 신자유주의 논리로 이어진단 말이지.

고성국 기회의 평등에 대한 요구도 그런 식으로 결과적 평등에 대한 요구인 양 왜곡해놓고 자기들에게 유리한 성장 논리를 펴지.

남경태　그들은 또 미국같이 파이가 큰 나라가 되면 평등의 이념을 실현할 수 있다고 선전하잖아. 박정희 때도 그랬고. 그들도 '평등' 자체를 부정한 건 아니거든. 다만 아직은 때가 아니다. 먼저 선진국이 되어야 한다. 신자유주의 논리가 그런 거잖아. 트리클다운(trickle down)이라고 하지? 차고 넘치면 자연스럽게 평등해진다. 물을 하나의 그릇에 붓다 보면 그릇이 넘치고 그 물이 다른 그릇도 채우게 되면서 결과적으로 평등해진다는 얘긴데, 뭔가 가치가 전도되어 있다는 느낌이 들어.

고성국　그런 논리에는 허점이 있어. 전제가 틀렸지. 평등은 파이가 크건 작건 상관없이 실현할 수 있는 거거든. 열 명 중 한 명이 도시락을 못 싸왔다, 그러면 전체 도시락의 양을 키우지 않아도 한 숟가락씩 덜면 못 싸온 사람도 먹을 수 있잖아.

남경태　그렇지. 게다가 여러 가지 반찬도 먹을 수 있고. (웃음)

고성국　평등을 그런 식으로 생각해야지. 그래서 기부 운동을 하는 사람들이 늘 말하는 게, 쓰고 남은 돈을 기부하려고 생각하지 마라, 아무리 가난한 사람도 기부할 만큼의 여유는 있다는 얘기거든. 돈을 좀 더 벌고 여유가 있어야 기부를 하겠다는 생각이야말로 파이부터 키워놓고서 나누자는 논리랑 같은 거야.

 오래된 논리야. 예전에 독재정권에 저항하던 시절에도 그런 얘기가 있었잖아. 지금 데모질할 때가 아니다. 학생 신분에 걸맞게 공부나 열심히 해서 나중에 판검사가 되면 그때 가서 실천해라……. 어때 많이 들어본 얘기지? 얼핏 맞는 말처럼 들리지만 현실에서 그런 경우는 드물거든. 막상 출세하면 생각이 달라져요. 논리적으로도 현실적으로도 맞지가 않아. 어려울 때 돕는 사람이 나중에도 돕더라고.

 1994년에 스웨덴, 노르웨이의 NGO 활동가들과 얘기할 기회가 있었는데, '클린 클로스'라는 운동을 하는 사람들이었어. 우리말로 하면 '깨끗한 옷 입기'로 풀이할 수 있는 이 운동은 거창한 게 아니더라고. 보니까 서너 명이 백화점 같은 데서 사람들한테 유인물을 나눠줘. 내용이 이래. "북극에 사는 수천 마리의 물개를 학살해서 만든 모피 코트가 깨끗한 옷이라고 생각하면 사서 입으십시오. 하지만 그게 물개의 피가 묻은 더러운 옷이라고 생각하면 그 옷을 사지 마십시오……." 놀랍게도 우리나라 얘기도 나오더라고.

"한국의 한탄강을 완전히 오염시킨 염색약으로 만든 가죽 옷을 깨끗한 옷이라고 생각하면 사서 입으십시오. 하지만 강을 죽이고 물고기를 떼죽음시킨 더러운 옷이라고 생각하시면 사지 마십시오. 파키스탄의 12살짜리 소년이 하루 16시간씩 일해서 만든 옷을 깨끗한 옷이라고 생각하면 사십시오."

그런 식으로 사람들에게 일상의 정의를 일깨워주는 거지. 당신이 백화점에 들어가서 옷을 살 텐데, 그게 어떤 옷인지 한 번쯤은 생각

"정의가 그렇게 어려운 게 아니잖아. '지금 당신이 하는 행동이 정의로운 행동이라고 생각하십니까?'라고 물어보면 되는 거야. 학교에서 누군가 왕따를 당하고 있을 때 그걸 그냥 보고만 있는 학생에게 다가가 '친구가 저렇게 괴롭힘을 당하고 있는데 아무 행동도 안 하고 보고만 있는 것이 스스로 정의로운 일이라고 생각하느냐?' 이렇게 물어봐주면 돼. 질문을 던지지 않아서 그런 거지, 질문을 던지면 누구나가 다 그 자리에서 해답을 찾아갈 수 있는 거야."_고성국

해봐라. 그리고 기왕이면 '깨끗한' 옷을 사라는 얘기야. 잘 알지도 못하는 한국이나 파키스탄에서 일어나는 일도 남의 일이 아닌 거야. 나는 이런 것이 정의를 위한 적극적 행동이라고 생각해. 정의는 모든 사람이 보편적으로 갖고 있는 생각이기 때문에 이 글이 전달되면 여러 말이 필요 없는 거야.

정의가 그렇게 어려운 게 아니잖아. "지금 당신이 하는 행동이 정의로운 행동이라고 생각하십니까?"라고 물어보면 되는 거야. 학교에서 누군가 왕따를 당하고 있을 때 그걸 그냥 보고만 있는 학생에게 다가가 "친구가 저렇게 괴롭힘을 당하고 있는데 아무 행동도 안 하고 보고만 있는 것이 스스로 정의로운 일이라고 생각하느냐?" 이렇게 물어봐 주면 돼. 질문을 던지지 않아서 그런 거지, 질문을 던지면 누구나가 다 그 자리에서 해답을 찾아갈 수 있는 거야. 나는 이것이 정의라고 생각해. 정의는 아주 쉬운 거고, 일상적인 생활에서 항상 일어나는 거야. 다만 그걸 아무도 일깨우지 않아서 타성적으로 그냥 넘어가는 거야. 날마다 부정의가 벌어지다 보면 타성에 젖거나 둔감해져서 그냥 지나치게 되잖아. 이제부터는 정의의 문제를 이런 관점에서 바라봐야 해. 하루에도 수십 번씩 '나는 정의로운가. 내 주위에는 지금 부정의가 없는가.' 생각하면서 살면 되는 거야.

남경태 형의 말은 다 옳은데 항상 마무리를 도인처럼 성찰적인 삶으로……. (웃음) 어쨌든 동감이야. 하지만 보통 사람들에겐 쉬운 일이 아니지. 과거 그 어느 때보다 복잡해진 현대 사회는 끊임없이 성찰을 요구하니까. 소크라테스가 이런 말을 했지. "알고서 잘못을 저지르는 사람은 없다." 계몽적이기는 하지만 부정의와 정의가 혼재된 지금 시대를 살아가는 사람들에 필요한 말인 거 같아.

5

진보하는 사회의
시민 권력

권력의 기억

고성국　권력 없는 사회는 없는 것 같아. 왜 그럴까?

남경태　우리가 보통 '권력'이라고 할 때는 정치권력이나 제도화된 권력을 떠올리기 쉬운데 푸코나 니체가 지적했듯이 권력은 일상적으로 존재하고 작용하기 때문이 아닐까?

고성국　'타인을 내 의지대로 움직이게 하는 힘'을 권력이라고 한다면 정치권력은 물론 경제권력, 문화권력 같은 표현들이 가능해. 곳곳에서 그 힘을 발휘하고 있는 거지. 내가 권력을 처음 느낀 건 중학교 2학년 때였어. 전학을 갔는데 그 반 반장이 크리스마스실을 나눠주더라고. 근데 그게 강매야. 너희 집은 잘사니까 몇 장, 너는 보통이니까 몇 장, 이런 식인 거지. 그래서 나는 싫다고 했지. 그때 분위기가 갑자기 냉랭해지는 거야. 반장 입장에서는 뭔가 권위에 도전을 받았다고 느낄 만한 상황이었지. 그래서인지 붉으락푸르락하면서 내게 "야, 그 돈 몇 푼 한다고 사내자식이 쩨쩨하게 그래!" 이러는 거야. 그래도 어쨌든 나는 싫다고 했지. 분위기가 험악해지고 몸싸움 직전까지 갔지만 치고받고는 안 했어. 그때 3학년 규율반 학생들이 들어왔거든. 더 큰 권력이 나타난 거지. 얼마나 다행이었는지 몰라. 나중에 알고 봤더니 반장이 그 반 싸움 짱이더라고. (웃음)

남경태   중앙권력의 등장으로 지방권력이 뒤로 물러선 거로군. (웃음)

고성국   그런데 거기서 끝이 아니었어. 반장은 자세를 낮추더니 가난한 사람을 돕기 위해 크리스마스실을 팔고 있는데 그걸 거부하는 친구가 있어 주의를 주고 있다고 고자질을 하는 거야. 이야기를 듣고 규율반 선배가 하는 말이 "그런 이기주의자가 이 반에 있단 말이야?" 이래.

남경태   직접 폭력을 쓸 상황이 안 되니 명분을 내세우는군. 어른들이랑 똑같네. (웃음)

고성국   그러면서 "네가 정 그걸 사기 싫으면 반납하라"는 거야. 순간 내가 뭐가 돼. 쩨쩨하고 비겁한 놈이 되는 거잖아. 갈등이 생기더라고. 적당히 타협을 해야 하나 말아야 하나. 그냥 "아이고, 알았습니다." 하면서 사버릴까 했는데 도저히 자존심이 허락 안 하는 거야. 할 수 없이 일어서서 나한테 배당된 크리스마스실 다섯 장을 교탁 위에 탁 내려놓고 왔지. 아, 그런데 그 돌아오는 길이 어찌나 멀던지. 정말 천릿길 같았어. 두렵고 화가 났지. 그렇게 공부를 하는 둥 마는 둥, 수업을 마치고 나오는데 같은 반 애들 몇 명이 슬그머니 다가오면서 "야, 잘했어!" 이러는 거야. 어떤 애는 "기죽지 마!" 이러기도 하고. 그 순간 '아! 정의는 살아 있구나!' 하는 생각이 들면서 서글픈 감정이 눈 녹듯 사라지더라고.

남경태 결국 다른 친구들도 반장이 부당하다고 생각했던 거네.

고성국 이문열의 소설 『우리들의 일그러진 영웅』에도 비슷한 사건이 있지. 정도의 차이는 있지만 다들 그런 경험이 있을 거라고 생각해. 우리 사회가 왜곡된 역사를 거쳤기 때문에 권력에 대한 첫 경험이 대체로 좋지는 않을 거야. 비정상적이고 치졸한 느낌으로 다가오지. 권력이 선의를 가지고 다른 사람을 위해 봉사하는 힘이라는 긍정적인 인상이 별로 없잖아.

남경태 초등학교 때 우리 반 반장은 공부도 잘하는 데다가 집도 부자였어. 근데 얘가 반장이 되더니 딱 사람이 달라지더라고. 인성이 나쁜 애는 아닌데, 권력자가 되니까 변하는 거야. 그때 우리 반이 80명이었거든. 굉장히 시끄러웠지. 게다가 선생님도 자주 자리를 비워서 반장이 우리를 통제해야 할 때가 많았거든. 아, 그 반장, 참 영악한 아이였어. 처음엔 말로 하다가 잘 안 되니까 나중엔 규율을 직접 만드는 거야. 자기가 하나, 하고 외치면 눈을 감는다. 둘, 하면 책상 위에 상체를 엎드린다. 어린 마음에 반 아이들은 동급생에게서 그런 지휘를 받는다는 사실에 심한 굴욕을 느꼈어. 게다가 반장은 반에서 주먹서열 1위인 아이를 고용하고, 자기가 만든 규율을 위반하는 아이에게 합법적인 폭력을 가했어. 놀랍지 않아? 초등학생이……. 덕분에 나는 폭력과 권력이 함께 간다는 걸 그때부터 깨닫게 된 거야. 그래서 '권력' 하면 본능적으로 거부감이 들어.

가족이라는 권력관계

고성국 권력자가 되면 달라진다는 말에 공감해. 내가 고1 때 규율반이 었거든. 등교하는 애들 복장 검사하고, 두발 검사하고, 또 경례를 하 는지 안 하는지를 감시했지. 그때는 선배들에게 경례를 부쳐야 했거 든. 근데 평소에는 아무렇지도 않다가도 교문 앞에서 노란 완장을 차 는 순간, 느낌이 다른 거야. 뭔가 공공의 질서를 유지해야 한다는 책 임감이 확 오더라고. 그 순간 표정도 근엄해지고, 걸음걸이도 반듯해 지고. (웃음)

남경태 학교야말로 우리 사회의 축소판인 거 같아. 어린 시절부터 모 종의 권력관계를 경험하게 되는 거지. 나는 한 번도 반장을 해본 적 이 없어. 초등학교 3학년 때인가 부반장 한 번, 그것도 공동으로 한 것 외에는 '제도권'에 있어본 적이 없다고. 반장을 하려면 일단 집이 잘살아야 했거든. 과외도 하고 보이스카우트 활동 같은 것도 하고. (웃음) 그래서 휘두를 만한 권력이란 걸 가져본 적이 없지. 그래도 '권 력'이란 게 뭔지 어렴풋하게나마 알게 된 경험이 있기는 해. 중학교 3 학년 때인가, 옆반 애들하고 야구를 하는데 내가 3루수였어. 그때 상 대팀에서 누군가 땅볼을 쳤지. 그와 동시에 2루에 있던 주자는 3루로 뛰고 외야수는 나한테 공을 던졌어. 아! 근데 간발의 차이인 거야. 그 땐 심판을 두고 야구를 하는 애들이 거의 없었다고. 그냥 주자랑 수 비수가 대충 보고 세이프냐 아웃이냐 합의를 보는 거지. 상식선에서.

근데 애매할 때가 있거든. 그때가 딱 그랬어. 아무도 못 봤거든. 주자랑 나만 빼고. 그래서였나. 나도 모르게 갑자기 "아웃!" 하고 소리쳐버린 거야. 걔가 먼저 베이스를 밟는 걸 봤는데도. 그 아이와 나만 알 정도로 아슬아슬했지. 왜 그랬는지는 지금도 모르겠어. 아이스크림 내기를 했기 때문은 아니었어.

흥미로운 건 그 아이의 태도야. 녀석은 소문난 왈패였는데 아무 말도 않더라고. 나는 어쨌든 모범생이었으니까 자기가 뭐라고 말해도 안 믿을 걸 안 거야. 결국 내 말 대로 아웃으로 결론이 났어. 그날 집에 가는 길에 그 왈패 녀석이 어깨를 툭 치면서 씩 웃더군. 그러면서 살짝 말하는 거야. "야, 세이프지?" 녀석의 복수였던 거야. 너처럼 겉으로 모범생인 척하는 놈들의 더러운 비밀을 알았다는 거지. 나를 아이스크림 하나 때문에 서슴없이 거짓말을 하는 놈으로 본 거야. 굉장히 기분이 나빴고 평생 녀석의 그 표정을 잊을 수 없을 정도지만 어쨌든 그것도 역시 권력관계였어. 내게는 모범생이라는 이유만으로 눈에 보이지 않는 권력이 있었던 거지.

고성국 학교든 가정이든 직장이든 권력관계는 어디에나 있지. 그런데 또래들 간의 권력관계가 작동하는 학교에 비해 집안에서의 권력관계는 그 양상이 좀 달라. 집안 얘기를 좀 하자면, 나는 집안의 기대를 한 몸에 받고 있었어. 본가가 부산이었는데, 방학 때 내려가면 고모할머니, 작은할머니, 큰할머니들이 나를 위해서 특별히 상을 차려주실 정도였거든. 그럴 때마다 귀한 음식들이 올라왔지. 평소에 잘 못 먹는

회 같은 거, 사촌들은 그런 나를 부러워했고. 자기들은 1년에 한 번 먹어볼까 말까 하는 음식을 올 때마다 차려주니 오죽했겠어. 그런데 문제는 그런 음식들이 내 입맛에 별로 안 맞았다는 거야. 젓가락이 잘 안 가니 할머니들은 아예 접시를 근처로 옮겨주시고 그러면 사촌들은 또 집단으로 젓가락을 그쪽으로 향하고……. (웃음) 그러면 마침내 할머니의 호통소리가 나온다고. 이것들아, 너희 먹으라고 차린 상 아니다! 하고 말이야. 그때 사촌들의 표정은 정말 말이 아니었지. 40년이나 지난 지금도 그때의 미안했던 마음이 지워지질 않아. 원하든 원하지 않든 내겐 그들에게 없는 권력이 있었던 거야. 우리나라 대부분 가정이 그렇잖아. 형제 중 한 사람, 뭔가 특출난 사람에게 몰아주는 분위기.

남경태 집안에서 '맏이'가 가지는 권력이 만만치 않지.

고성국 예전에는 형제가 보통 한 일고여덟 되는 집에서도 대학 보내는 건 한두 명이고 나머지 형제들은 그 한두 명을 위해 공장에 가서 밤새워 일하고 그랬잖아. 주로 우리 누이들이 그랬지. 집안을 일으킬 사람으로 기대받고 촉망받는 사람에 대한 과도한 특혜와 존중, 그리고 그 외의 형제들에 대한 희생 강요와 천대……. 어느 집안에서나 볼 수 있었던 풍경인 거 같아.

남경태 건조하게 비유하자면 자원을 집중시킨 거지. 소외된 사람들의 희생을 담보로 말이야. 당사자는 원하지 않았다고 할 수 있지만 결과적으로 그렇게 되었잖아.

고성국　현대화가 급속하게 진행되면서 예전의 공동체가 그립다고들 하지만 과연 그 시절의 공동체가 행복했을까 싶어. 모든 가족 구성원들이 따뜻하게 형제애를 나누는 민주적인 또는 인간적인 공동체가 아니었잖아. 철저하게 권력적인 거였지. 민주화라는 것이 정치, 경제, 사회에만 필요한 게 아니라 사실은 가족 관계에서 더욱 절실한 거라고. 개인사에 막강한 영향력을 발휘하는 곳이잖아.

남경태　아주 냉정하게 말하자면, 나는 옛날 부모들이 될성부른 자식한테 '올인'했다고 생각해. 일단 몰아주고, 그걸로 노후를 기약하는 거란 말이지. '자식 농사'라는 말이 있잖아. 예나 지금이나 자식들을 위해서라는 명분으로 얼마나 많은 '투자'가 경쟁적으로 이루어지고 있느냔 말이지. 갈등이 거기서 시작되는 거 같아. 서로 부담을 주잖아. 그래서 아이가 중학생 때 내가 한번은 이런 얘길 했어. 아빠가 죽기 전까지 모든 걸 너에게 주고 그 대신 아빠가 은퇴할 나이가 되면 아빠의 노후를 책임지는 게 좋겠니? 아니면 어른이 되어 독립한 뒤 아빠가 아무런 지원도 하지 않고 그 대신 아빠가 늙어서도 네게 의탁하지 않는 게 좋겠니? 그랬더니 당연히 후자가 좋다는 거야. 그게 서로 부담이 없대. 모든 가정이 반드시 그래야 하는 건 아니지만 어쨌든 솔직한 태도였어. 아무리 부모 자식 간이라고 해도 솔직해져야 할 부

"나는 옛날 부모들이 될성부른 자식한테 '올인'했다고 생각해. 일단 몰아주고, 그걸로 노후를 기약하는 거란 말이지. '자식 농사'라는 말이 있잖아. 예나 지금이나 자식들을 위해서라는 명분으로 얼마나 많은 '투자'가 경쟁적으로 이루어지고 있느냔 말이지. 갈등이 거기서 시작되는 거 같아. 서로 부담을 주잖아."_남경태

분이 있는 거 같아.

고성국　비정상적인 인간관계 대부분은 경제적으로 독립하지 못해서 생기는 거야. 자식이 경제적으로 독립하는 순간, 부모와 자식 간의 관계도 달라지거든. 막스 베버는 실제로 권위적인 아버지로부터 오랫동안 고통을 받아. 결혼하고 나서도 그랬는데 그 이유라는 게 우리랑 비슷해. 아버지가 그때까지 베버의 생계를 책임졌기 때문이야. 그래서 베버에게는 경제적 독립이 최대의 목표였어. 그러다 마침내 아버지에게 그동안의 불만을 털어놓고 독립을 선언하지. 하지만 아버지 생각은 달랐던 모양이야. 그 과정에서 서로 상처를 받지. 결국 베버의 독립된 삶을 인정하지 않던 아버지는 자식의 독립 선언에 충격을 받고 1년 후에 죽어.

남경태　권력이 그 양반의 삶의 가치였겠지. 권력이 없어지니까 모든 게 의미가 없어진 거야.

고성국　베버 역시 아버지가 자기 때문에 돌아가셨다는 생각에 죄책감에 시달려. 서로에게 불행한 일이지. 위대한 학자였던 베버도 가족 문제는 피해가지 못했던 거야.

일상의 권력관계

남경태 그런 거 보면 미셸 푸코 말마따나 진짜 중요한 권력은 일상 속에 미세하게 퍼져 있는 섬세한 권력의 그물망인 거 같아. 정치권력이야 참고 살면 그만이지만 매일 직장에서 마주치는 사내 권력은 정말 괴롭지. 일찍 퇴근하면 눈치 주고 때 되면 모셔야 하고…….

고성국 대다수 직장인이 가장 스트레스 많이 받는 게 직장 내의 인간관계지. 본질적으로 민주적이지 않은 조직이거든. 상하관계가 분명하잖아.

남경태 요즘 공식적으로는 안 그래. 직위도 수평적으로 개편하고 호칭도 바꾸고, 다만 비공식적인 상황에서는 여전히 권위적인 문화가 있는 거지. 그래서 더 괴로운 거고.

고성국 푸코가 착안한 문화권력, 미세권력도 인상적이지만 가장 공감이 가는 부분은 바로 '언어권력'이야. 신체적인 것 못지않게 괴롭거든. 지금도 우리나라에서는 '빨갱이'라는 말이 영향력을 발휘하잖아. 예전엔 사람 목숨이 왔다갔다할 정도였지. 이런 게 대표적인 언어권력이라고 할 수 있어, 사람을 죽일 수도 있는.

남경태 좀 더 확장해서 생각해보면 '기호'도 하나의 권력으로 작동한

"푸코가 착안한 문화권력, 미세권력도 인상적이지만 가장 공감이 가는 부분은 바로 '언어권력'이야. 신체적인 것 못지않게 괴롭거든. 지금도 우리나라에서는 '빨갱이'라는 말이 영향력을 발휘하잖아. 예전엔 사람 목숨이 왔다갔다할 정도였지. 이런 게 대표적인 언어권력이라고 할 수 있어, 사람을 죽일 수도 있는." _고성국

다고 할 수 있어. 기호라는 게 보드리야르가 말했듯이 그 사람이 누구인가를 보여주는 거잖아. 예컨대 루이비통 같은 명품 핸드백에 왜 사람들이 열광하겠느냐고. 튼튼해서가 아니거든. 루이비통이 주는 사회적 의미 즉, '기호'의 권력이 있는 거야. 주변 사람들이 금세 눈이 휘둥그레져서 부러운 시선을 보내잖아. 소비적 가치가 우선인 현대 자본주의 사회에서는 브랜드, 상표가 하나의 권력이 된 거야. 요즘은 휴대폰을 하나 구매하더라도 이런 것들을 중요하게 생각하잖아. 아이폰이 성공한 원인도 제품의 기능성을 강조하는 대신 상품을 하나의 문화 아이콘으로 가져갔기 때문이고.

고성국　내가 『10대와 통하는 정치학』이라는 책을 내고 이를 주제로 학생들에게 강연하는데 질문 중 하나가, "왜 정치인은 양복만 입나요?" 하는 거야. 그래서 "그것도 권력입니다." 그랬어. 복장이야말로 자신의 메시지를 드러내는 적극적인 방식이라고.

남경태　유시민 전 장관, 강기갑 의원이 생각나네.

고성국　청바지나 두루마기, 평범한 옷이지만 그걸 국회에서 입는다는 것은 일종의 저항적 상징 행위가 되지.

남경태　기성의 권력을 거부하면서 한편으론 새로운 권력을 요구하는 거지. 자동차도 그래. 미국에서 실험했는데, 건널목에서 진행 신호가

떨어졌을 때 일부러 앞차를 출발시키지 않는 거야. 이때 뒤차가 클랙슨을 누르느냐 안 누르느냐, 혹은 얼마나 기다리다 누르느냐를 보는 거지. 조건은 앞에 있는 차가 경차냐 아니면 고급차냐였는데, 결과는 당연히 '현저한 차이가 있다'였어.

고성국　그래서 나는 그러한 권력들, 눈에 보이지 않는 미세한 권력관계들까지 느낄 줄 아는 감수성이 필요하다고 생각해. 특히 정치인들에겐 더욱 그렇지. 미테랑 프랑스 대통령은 임기 동안 미셸 푸코와 티타임을 가졌대. 일주일에 한 번씩 엘리제궁 근처 카페에서 만났는데, 시간을 어기는 법이 없었어. 그만큼 중요한 일정이었던 거지. 둘이 만나서 무슨 얘길 했을까? 주위 사람들에 의하면 별 얘기가 아니었다는 거야. 그냥 살아가면서 느끼는 온갖 잡다한 얘기들을 친구로서, 허심탄회하게 나누었다더군. 물론 그 안에는 철학적인 의미들이 숨어 있었겠지. 이런 일화를 들으면서 나는 미테랑이 아주 훌륭한 정치인이라고 생각했어. 실제로 그가 대통령이었을 때 프랑스는 전성기를 구가했고. 그럴 수 있었던 건, 사회와 일상을 보는 눈을 가다듬고자 했던 최고의 지도자를 둔 덕분이었다고 나는 생각해.

남경태　철학자와 정기적으로 만나는 대통령을 우리는 언제쯤 만나볼 수 있을까.

고성국　우리는 늘 '강한 국가'만 강조하잖아. 그게 사실 권력을 집중하자는 의도가 있는 거거든. 지도자를 중심으로 뭉치자는 말도 많이 하잖아. 그런데 권력이 집중된 나라 중에도 강한 나라가 있고 약한 나라가 있어. 예컨대 폭력을 일상적으로 동원하는 국가가 겉보기에는 강해 보이지만 실제로는 굉장히 허약한 구조일 수 있어. 예전 권위주의 시대의 우리나라가 그랬잖아. 학교에도 길거리에도 경찰이 삼엄하게 경계를 서고, 개인의 대화를 엿듣고 표현의 자유를 제한하고. 하지만 제아무리 철권통치를 한다 해도 국민의 저항에 부딪히는 날엔 바로 무너져. 우리도 경험해서 알잖아. 반대로 스웨덴, 핀란드 같은 북유럽 국가에서는 경찰을 찾아보려야 찾아볼 수가 없어. 시민이 불편해할까 봐 낮에는 일부러 눈에 안 띄는 곳에서 근무하다가 사건이 생기면 비로소 등장하는 거지. 하지만 그들이 과연 약한 나라일까?

남경태 경찰이 할 일 없는 나라가 국민이 살기 좋은 나라인 것만은 사실이지.

고성국 스웨덴, 핀란드 같은 나라에는 국가를 대표하는 수반들 즉 총리나 대통령, 왕이 사는 관저에 경호원이 없어. 위치도 찾기가 어려워. 그냥 평범한 건물에 '총리관저'라고 쓰여 있거든. 암살 사건이 발생한 후에도 경호원 한두 명을 두는 게 전부였다고 하더군. 내가 안전 문제를 질문하자 내게 "국민한테 사랑받는 사람이 왜 국민한테 죽을 걱정을 하겠느냐?"고 하더군. 그런 국가가 진짜 강한 국가야.

남경태　'명박산성' 같은 걸 쌓을 이유가 없다는 거지?

고성국　그렇지. 진정으로 강한 것, 진정한 권력에 대해 다시 한 번 생각해볼 필요가 있어.

좋은 권력은 가능한가

남경태　과거 동양의 국가는 '강한 국가'였어. 중앙집권화가 일찌감치 이루어졌고 행정편제도 잘 짜여 있었지. 반면에 유럽은 소규모 왕국들이 경쟁하는 체제였거든. 장단점이 있어. 중앙집권화되어 일사불란하게 움직이는 수직적 구조가 갖는 안정감이 있는 반면 분권화된 사회에서는 주권재민의 전통이 좀 더 일찍 시작될 수 있는 여건이 있었던 거고. 그런데 어떤 군사학자가 동서양 간의 전쟁을 주제로 책을 썼어. 여기에서 동양이란 중국을 포함하지 않는 페르시아 쪽 국가들이지만, 어쨌든 그리스와 페르시아의 전쟁을 예로 드는데 페르시아 대군을 스파르타의 300명 결사대가 물리치잖아. 그 유명한 살라미스 해전 이야기야. 영화로도 만들어졌지. 그러면서 하는 말이, 이건 민주주의의 승리라는 거야. 일리가 있잖아. 중앙집권적인 나라의 강력한 군대를, 연약해보이는 민주주의 체제의 그리스 도시 국가가 물리쳤으니.

 고대 그리스의 민주주의, 즉 아테네 민주주의의 최전성기를 이끈 사람은 페리클레스야. 그가 연설에서 이런 말을 해. "용기와 애국심은 아테네 시민이라는 자부심에서 나온다!" 참으로 멋진 말이야. 확장해서 생각해보면 내 삶의 주인은 나다, 내가 내 몸의 주인이고 내가 속한 공동체의 주인이라는 자각이야말로 강력한 힘의 원천이라는 뜻이거든. 이런 개인주의와 민주주의의 전통은 서양의 역사를 관통하는 거 같아. 대만의 어떤 학자는 기독교와 유교를 비교하면서 이런 말을 해. 기독교는 인간이 신과 일대일로 만나 절대 고독의 상태에서 구원을 구한다는 거야. 그래서 실존적인 상태에서 자신을 탐구해야 하고. 그 과정에서 자기 성찰을 통해 자긍심과 책임감, 자유와 평등 같은 걸 생각하게 된다는 거지. 반면에 유교 사회에서는 실존적 개인으로서 존재한다기보다 관계 속에서 자신의 존재가 규정된다는 거야. 누구의 아들, 누구의 부모 혹은 누구의 손자, 몇 대 손 같은 식으로 호명된다는 거야. 이런 해석에 전적으로 동의하지는 않지만, 관계를 중요시하는 사회에서 살다 보면 혼자 설 기회가 적어진다는 건 맞는 말 같아.

 지역주의, 패거리주의도 그래서 생기는 거 같아. 개인이 허약하니까 자꾸 뭉치는 거야, 권력을 가지려고. 조선시대에도 그랬잖아. 절대권력을 가진 왕이 버젓이 존재하는데도 특정 당파가 국정을 장악하고 그 결과 '사화' 같은 피비린내 나는 권력투쟁이 일어났지.

고성국 나는 현대 민주주의 국가에서 기본이 되는 게 바로 '개인주의'라고 생각해. 독립된 인격체로 개인이 존재하지 않으면 자유주의도 없고 민주주의도 없어. 그래서 가정이나 학교에서 그걸 키워나가야 하는 거야. 이전에도 언급했지만 괴테의 『빌헬름 마이스터의 수업시대』를 보면 거기 학생들은 철학과 역사를 고민해. 우리 같으면 어떻게 하면 영어 단어 하나를 더 외울까 고민할 나이에 수백 년 전에 살았던 사람들은 치열하게 자기 존재를 고민하면서 살았던 거야. 그뿐만 아니라 수년 동안 순례자처럼 길을 떠난다고. 중간에 강도를 만나기도 하고 병들어 죽기도 하면서 그 길을 가. 그러면서 성인이 되는 거야. 일종의 통과의례인 셈이지. 그렇게 세계를 온몸으로 겪으면서 온전한 한 사람의 개인이 되는 거거든. 그중 한 사람이었던 영국의 위대한 시인 바이런은 그리스의 독립전쟁에 참전했고 그래서 그리스의 영웅이 되었지. 자기랑 아무런 상관도 없는 나라에 가서 오로지 정의를 위해 목숨을 바친 거야. 반면에 지금은 어때? 독재자와 힘들게 싸우는 다른 나라 민중들을 위해 함께 총 들고 싸우겠다는 사람이 없잖아. 과연 지금이 괴테의 시대보다 진보한 세상인지에 대한 회의가 들더라고.

남경태 프랑코 군의 반란으로 시작된 스페인 내전 때도 헤밍웨이를 비롯해 많은 서구의 지식인들이 참전했었지.

고성국 그런 결단은 세상의 어떤 권력도 개인의 자유를 억압할 수 없다는 투철한 의식이 있어야만 가능한 거야. 동양에서도 그런 사상이 없었던 건 아니야. 내가 보기에 그건 불교의 유아독존(唯我獨尊) 사상과 일맥상통하고. 노자의 철학도 눈여겨볼 필요가 있지. 모든 권력으로부터 자유로운 개인을 추구했으니까. 노자는 동양사상에서 유교와 함께 양대 산맥을 이루고 있잖아. 항상 긴장관계에 있지.

남경태 무정부주의적 성향이 강한 노자에 비해 유교는 권력 친화적이니까. 그런 의미에서 '좋은 권력'이라는 게 가능하냐는 본질적 의문이 들어. 유교 자체는 '좋은 권력'을 말했지만 현실에서는 유교를 빙자한 '나쁜 권력'이 판을 쳤잖아. 최근에는 우리가 '나쁜 권력'인 군사독재와 싸우면서 스스로 권력화된 경험도 있고. 한때 민주화 운동을 했다는 걸 권력 삼아 시민의 자유를 억압하는 정당에서 활동하는 사람도 있고 말이지. 어쩌면 '권력'이라는 것 자체에 악의 속성이 깃들어 있는 게 아닐까. 권력이란 어쩔 수 없이 타인의 삶에 영향을 주게 마련인데, 선거 때 그 권력을 내게 달라고 외치는 정치인들을 보면 인간성이 의심스럽다는 생각이 들어. 바꿔 말하면 "내게 타인의 삶에 영향을 미칠 수 있는 힘을 주십시오." 하는 거 아닌가? 남에게 합법적으로 간섭하고 싶어 한다는 게 제대로 된 인간인가 싶기도 해.

고성국 굳이 변명을 하자면, 싸우면서 스스로 결과적으로 권력이 되고 때론 '나쁜 권력'으로 변해가기도 했지만, 당시에 민주주의를 위해 싸웠던 열정만큼은 순수했다고 생각해. 나 역시 사회 모순을 해결하기 위해 싸웠지만 그 출발점이 마르크스나 레닌이었다기보다는 김지하나 김수영의 시였거든. 문학적 평가를 떠나 진보와 보수를 떠나 읽는 이의 가슴을 울렸던 그런 시들 말이야. 그때의 울컥한 느낌, 이 땅의 젊은이로서 뭔가 올바른 삶을 살아야겠다는 정의감, 이런 것들을 밑천 삼아 철벽 같았던 독재권력에 덤벼들었던 거거든. 세상이 바뀌어도 그때의 그 열정만큼은 변할 수 없는 거라고 생각해.

남경태　문제는 그런 '초심'을 어떻게 끝까지 가져가느냐겠지.

고성국　과거에 민주화 운동을 했던 선배들, 해방 공간에서 통일 국가를 위해 싸웠던 선배들도 하지 못한 게 있어. 세상과 직면하고 자기를 성찰하는 것, 그럴 기회를 얻지 못한 거야. 우리의 근현대사가 그랬으니까. 그 소용돌이 속에서 자기를 돌아볼 기회가 부족했던 거야. 일단 몸을 던지는 게 중요했으니까. 다행히 지금은 당당하게 자기 자신을 세상과 마주 세우는 젊은 후배들이 나오고 있어. 사회 곳곳에서 부당함에 맞서 싸우는 사람들, 그렇게 전 사회를 향해 대면하는 강한 개인들이 우리 사회를 건강하게 지탱해주는 힘이야. 강한 사회가 강한 개인을 만드는 게 아니라 강한 개인이 강한 사회를 만드는 거지.

남경태　맞아. 하지만 우리나라에서 정치 무관심, 정치 혐오증 같은 게 광범위한 거 보면 많은 사람이 '좋은 권력'에 대한 회의를 가진 것만큼은 분명한 거 같아.

고성국　하지만 '권력 없는 세상'이 가능할까? 인간이 살아가는 한 권력(광범위한 의미에서)은 불가피하다고. 누군가의 행동에 영향을 미치지 않고 살아갈 수 있는 사람은 없잖아. 아까 언어도 권력이라고 했었지. 세상에는 이미 수많은 권력과 권력관계가 존재해. 다만 서로가 서로를 강제하지 않고 소통하려는 노력을 게을리하지 않아야 하겠지. 더욱 많은 사람이 더욱 올바른 방식으로 가게끔 노력하는 것, 이것이 민주주의의 핵심이잖아. 사람들의 특징과 욕구에 맞춰 방향을 제시하면 자발적으로 같이 가게 되잖아. 그런 소통의 리더십이 필요해. 그게 우리가 지향해야 할 권력이고.

남경태　현실적으로 그렇지가 못하니까 문제지. 만약 그런 노력이 공감대를 얻었다면 지금 우리에게 정치권력에 대한 냉소가 이렇게 광범위하지는 않을 거라고.

고성국　그건 우리에게 경험이 없어서야. 왜곡된 현대사를 거치면서 그동안 개인 위에 군림하는 권력자들만 판을 쳤잖아. 제도적으로도 민주주의를 받아들인 지 60년이 채 안 됐고. 서구에서는 몇백 년 동안 시행착오를 겪으면서 정착시킨 제도인데 우리는 그 기간이 너무 짧은 거야. 올바른 제도와 그걸 제대로 운영할 수 있는 올바른 지도자 모두가 지금, 우리에게 필요한 거겠지.

남경태　실천이 제대로 이루어지지 않으니까, 말로는 다들 소통이 중요하다고 하면서 국민과 제대로 소통하려는 정치인은 드물잖아.

고성국 실천을 못한다고 해서 가치 자체를 부정해선 안 되지. 교실 벽에 보면 '정직' '성실' '근면' 같은 급훈이 걸려 있잖아. 잘 안 된다고 그게 잘못됐다고 할 수는 없는 거지.

남경태 하지만 학생 입장에서 보면 학교나 선생님이 급훈을 '이용'한다고 생각할 수도 있어. 자기들도 실천 못 하는 걸 강요하면서 통제하고 억압하는 데 활용하는 거야. 마치 이 정권이 '불법 행위 엄정 대처' 운운하며 국민을 윽박지르는 것처럼. 권력층에서는 온갖 탈법과 비리로 이득을 챙기면서 말이지. 그러다 보니 냉소와 함께 '지켜봐야 나만 손해다'는 생각이 드는 거거든.

고성국 그렇지.

남경태 반칙이 만연하는 거야. 교통법규를 어기고 불법으로 끼어든 운전자가 빨리 갈 수 있단 말이지. 규칙 지켜봐야 별거 없고 적당히 안 들키게 어기면 이익을 보잖아.

고성국 그럴 때 경찰의 역할이 중요한 거야. 공정하고 엄격하게 단속을 해야지. '경찰'은 국민이기도 해. 얌체처럼 새치기하고 부당하게 이익을 챙기는 집단을 국민이 감시하고 벌해야 한다고. 적어도 선거

"실천이 제대로 이루어지지 않으니까, 말로는 다들 소통이 중요하다
고 하면서 국민과 제대로 소통하려는 정치인은 드물잖아."_남경태

라는 제도적 수단이 국민에게는 주어져 있잖아.

비효율적인 정치가 좋은 정치다

남경태　하지만 선거에도 맹점이 있어. 바로 '대표성'이야. 지금 대통령도 득표율이 40퍼센트가 안 되잖아. 나머지 60퍼센트 이상의 국민 지지를 못 받은 거거든. 국회의원 선거도 마찬가지고, 갈수록 투표율이 떨어지는 현실에서 과연 선거 행위가 제대로 된 국민의 뜻을 보여줄 수 있느냐 하는 문제가 제기되고 있어.

고성국　본질적으로 다수결의 한계라고 할 수 있지. 그래서 좀 더 많은 사람의 의견을 반영하려는 노력이 필요한 거야. 예컨대 반에서 소풍을 가는데, 덕수궁과 대공원으로 의견이 갈렸다고 치자고. 제일 쉬운 방법은 손 들어서 다수로 결정하는 거야. 그런데 손 안 드는 사람이 있을 거 아냐. 그럴 때는 아예 끝장 토론을 해서 마지막 한 사람까지 의견을 내고 결론을 볼 수 있도록 하는 거야. 문 걸어 잠그고 배고파서라도 합의를 보게끔 하면, 소수도 없고 다수도 없는 의견이 도출되는 거지.

남경태　그건 '강요된 합의'야. 옳지 않지.

고성국 아니, 합의를 위한 진정성이 있다면 문제는 없다고 봐. 소수와 다수의 문제는 그런 거야. 만약 국회에서 여당과 야당이 의견 대립이 있을 때, 일방적으로 처리할 수 있는 제도적인 장치를 다 없애면 어떤 방법이 남을까? 국회의장 직권상정 권한도 없애고, 상임위원장이 독단적으로 날치기하는 것도 무효로 하고, 하여튼 여야가 완전히, 만장일치로 합의하지 않으면 안 되게끔 법을 바꾸는 거야. 죽이 되든 밥이 되든 반대자를 설득해야만 해. 그래야 법안이 통과된다, 이러면 어쩔 수 없이 '대화와 타협'을 선택할 수밖에 없다고 생각해.

남경태 그렇다고 해도 오류의 가능성은 남아. 소수 의견이 옳을 때, 만장일치를 위해 그들이 설득당한다면 전체적으로 잘못된 의견을 채택하게 되는 거라고. 게다가 확신의 농도가 강한 측이 밀어붙일 가능성도 있고.

고성국 충분히 그럴 수 있지. 인간의 판단에 오류가 없을 수 없지. 다만, 그럴 가능성을 최소화하자는 거야. 그래서 민주주의는 오류 가능성을 열어두는 거잖아. 그래서 마지막까지 노력하는 거야. 배심원제가 바로 그런 거잖아.

남경태 헌법재판소에서 판결할 때도 소수 의견을 따로 적게 돼 있잖아. 사실은 그게 옳을 수도 있으니까.

　미국이나 영국의 배심원제는 사형 같은 중형을 내릴 때 만장일치로 하거든. 만약 배심원 중 한 명이라도 반대한다면 충분히 이해할 수 있을 때까지 밤을 새워가며 회의를 한다고, 그게 며칠이 되더라도. 한 사람의 목숨이 왔다 갔다 하는 결정이니까 당연한 거지. 그만한 고민과 노력이 필요하잖아. 그래서 정치와 법을 효율성만으로 따져선 안 되는 거고. 정치라는 게 인간의 권력관계를 합리적으로 조정하는 거잖아. 그런데 여기에 효율 개념을 끌어들인다는 것 자체가 말이 안 돼. "당장 내일 판결문을 내야 하니 오늘 안으로 저 사람을 사형시킬지 말지 결정하라"는 게 가능해? 정치는 효율성의 영역을 넘어서는 문제야. 우리 국회의 잘못된 문화, 관행을 보여주는 것 중 하나가 '생산적 국회'라는 표현이야. "뭐가 생산적이냐?" 물으면 수치로 나타내야 하잖아. 그러니까 법안처리 건수, 이런 걸 중시하는 거야. 정작 중요한 건 어떤 법안을 어떻게 처리했느냐 하는 내용인데 말이야. 국회는 생산적일 필요가 없어. '올바른 국회'면 돼.

남경태　논의의 질을 빼놓고 양적인 부분만 따지는 거야말로 반민주적이지.

고성국　민주주의 사회에서 법안을 만들고 고치는 일은 매우 중요해. 국회의원 생활을 10년 넘게 해도 제정법 하나를 만들 수 있는 국회의원이 많지가 않아. 모든 이해관계자한테 의견을 구하고 조율해야 하거든. 공청회도 열어야 하고 정부 부처하고도 협의해야 하지. 그리고

"정치라는 게 인간의 권력관계를 합리적으로 조정하는 거잖아. 그런데 여기에 효율 개념을 끌어들인다는 것 자체가 말이 안 돼. '당장 내일 판결문을 내야 하니 오늘 안으로 저 사람을 사형시킬지 말지 결정하라'는 게 가능해?"_고성국

동료 의원 한 사람 한 사람을 만나 법안의 취지를 설명하는 거야. 그렇게 수년의 노력을 통해 법안 하나를 만들어. 반면에 개정안은 글자 몇 개, 문장 몇 개만 고쳐도 되거든. 게다가 대표 발의를 한 의원뿐만 아니라 여기에 동의하고 서명한 국회의원도 개정한 사람이 되는 거야. '실적'이 올라가는 거지. 그러니 마음만 먹으면 1년에 수백 건의 개정안도 만들 수가 있는 거야. 수년 동안 엄청난 공을 들여 만든 법안도 한 건이고 몇 글자 고쳐서 낸 법안, 그냥 쓱 읽어보고 동의해준 법안도 한 건인 거지.

남경태 고민의 정도가 다른데도 등가물로 취급하는구나.

고성국 그래놓고 이것을 '생산적 국회'의 지표라며 내놓는 거야.

남경태 "눈 가리고 아웅"이네.

고성국 그래서 정치에는 생산성, 효율이란 말을 쓰면 안 돼.

권력 없는 자의 권력: 공무원의 권력남용

남경태 그럼 '행정'은 어떨까? 우리가 보통 정치와 행정을 비슷한 개념으로 받아들이잖아. 그런데 모호한 직책도 있어. 국회의원은 당연

히 정치인이지만 서울시장이 정치인이냐 행정가냐 하고 물으면 답이
애매해지는 거야.

고성국 정치와 행정을 정확하고 간단하게 구별하는 방법은 그가 '선
출'된 자냐 '임명'된 자냐 하는 거야. 전자라면 정치고 후자라면 행정
인 거지.

남경태 행정에도 정치적 쟁점이 있을 수 있는데, 그럴 땐 '행정의 효율
성'을 따져 밀어붙일 수 있을까.

고성국 '선출'된 사람은 그게 대통령이건, 국회의원이건 자기를 뽑아
준 유권자들을 대표해서 정책을 선택하는 거야. 그러면 '임명'된 사
람이 그 선택에 맞게 실무를 처리하는 거지.

남경태 그러니까 "행정은 효율적이어야 한다"는 게 틀린 말이 아니네.

고성국 그렇지. 행정은 '선택'을 하면 안 돼. 선출된 사람의 선택을 효
율적으로 집행하는 기술자인 거야.

남경태 그렇게 되면 쟁점이 있을 이유가 없구나. 물론 사적으로는 조
금 있겠지만.

고성국 서울시장 같은 지방자치단체장은 얼핏 행정직처럼 보여, 예전에 대통령이 임명할 때는 그랬지만 지금은 주민이 직접 뽑기 때문에 이 사람은 분명한 정치인이야. 그래서 선택하고 판단할 수 있는 거야. 나를 뽑아준 시민을 대표해서 시정의 방향을 이렇게 바꾸겠다, 이러면 누구도 시비 못 걸어. 시청 공무원들은 그 뜻에 따라야 하는 거고.

남경태 그러니까 시장의 정책결정은 명백한 정치 행위네. 다만 시청 공무원들, 국장이나 과장은 행정가니까 효율적으로 정책을 추진해야 한다, 이렇게 설명이 되는구나.

고성국 그렇지. 하지만 공무원 중에도 소신이 다른 사람이 있을 거 아니야, 시장의 정책이 옳지 않다고 생각하는. 그러면 사표를 내는 거야. 그리고 시장에 출마해서 시민의 선택을 받은 다음, 자기가 생각하는 방향으로 시정을 끌고 가면 돼. 그런 길은 열려 있거든. 대한민국의 모든 국민은 결격사유가 없는 한 누구든 피선거권을 갖고 있잖아.

남경태 그렇다면 행정은 권력이 아닌가?

고성국 권력이라고 하면 안 돼. 공무원을 국민의 공복(公僕)이라고 하잖아. 국민이 일 시키려고 고용한 사람들이 가진 권력이라는 게 뭐가 있겠어.

남경태　그래도 현실에서는 공무원 권력이라는 게 음성적으로 존재하지.

고성국　공복들이 착각에 빠져 주인 위에 군림하는 거야. 이런 사람들에게는 '너희는 우리가 돈을 주고 고용한 공복이다'라는 사실을 계속 일깨워줘야 해. 국회에서 장관들 불러다 호통 치는 거 괜히 그러는 게 아니거든. 국민이 선출한 정치인들이 대신 공복들을 감시하고 본분을 일깨우는 거야.

권력의 해석학

남경태　개인적으로 좋아하는 사람도 막상 정치를 하겠다고 나서면 안 좋게 보는 경향이 있는 거 같아. 권력에 대한 부정적인 인식 때문이겠지. 그런데도 생활을 하다 보면 어쩔 수 없이 내가 가진 권력, 내가 속한 권력관계를 의식하게 될 때가 많아. 그럴 때마다 '권력에서 벗어나는 건 정말 불가능할까?' 하고 생각하지. 권력이 너무 싫다니까. (웃음)

고성국　권력은 두 사람 이상 존재하는 곳에서는 반드시 생겨.

남경태　좋은 권력이든 나쁜 권력이든.

고성국　지구 상에 오로지 단 한 사람의 인간만이 살아남았다. 그러면 또 모르지. 권력을 행사할 대상이 없으니까.

남경태 모든 권력을 가진 것 같지만, 권력이 없는 것과도 같다는 얘기지.

고성국 예로부터 권력에 대한 해석이 다양했지. 거기서 벗어날 수가 없잖아. 그래서 어찌 됐든 이게 나쁜 건지, 좋은 건지, 왜 생긴 것인지를 설명해야 하는 거야. 그래서 생긴 논리가 '하느님이 주셨다'는 거였어. 동서양을 막론하고 중세까지 그랬던 거야. 당시 사람들이 제일 무서워하는 게 바로 '신의 뜻', '하늘의 뜻'이었으니까. 일찌감치 절대 군주가 발생했던 동양에서는 왕을 '천자'라고 불렀고. 서양에서는 아예 교황이 직접 통치를 했고. 그런데 서양에서도 뒤늦게 왕권이 강화되기 시작하잖아. 그때 등장한 게 '양검론'이야. 하나님께서 두 개의 권력을 인간에게 주었다는 거야. 하나는 인간의 육체를 지배하는 권력으로 이건 왕한테 주었고, 다른 하나는 인간의 영혼을 지배하는 권력인데 이건 교황한테 주었다…….

남경태 서양의 중세는 이중권력이니까.

고성국 그런데 이게 17~18세기 시민 혁명기에 깨지지. 권력을 신한테 받은 것이 아니라, 인간이 서로 약속을 통해 만든 거라는 설명이 시작된 거야. '사회계약론'이지. 지금 우리는 그 시대의 연장선에 있는 거지. 권력은 약속이기 때문에 내가 취소하면 끝나는 거야.

남경태 관계를 끊어버리면 권력도 없는 거니까.

고성국 그렇지. 그런데 이 '약속'이라는 게 어떤 약속이냐 하는 건 학자마다 의견이 달라. '약속은 약속인데 취소할 수 없는 약속'이라고 보는 건 홉스야. 홉스가 보기에 개인들이 불만이 있다고 해서 약속을 깨면 사회 전체가 불안해질 수 있으니, 그럴 수 없다고 본 거야. 이 '취소할 수 없는 약속'으로 탄생한 권력을 '리바이어던Leviathan' 이라는 신화 속 괴물로 상징했어. 약속에서 시작한 권력이 시민을 억압할 수도 있다고 본 거야. 반면에 로크는 '도저히 참을 수 없을 때는 약속을 깨도 된다'고 했지.

남경태 로크는 혁명을 인정한 거지.

고성국 그렇다면 '도저히 참을 수가 없을 때'가 언제냐. 예컨대 국가가 개인의 재산권을 침해했을 때야. 사유 재산이 국가에 의해서 부당하게 침해됐을 때는 안 참아도 된다고 했거든. 왜 그랬을까? 당시는 부르주아, 즉 시민 계급이 사회의 주역으로 등장할 때였거든. 그들의 기반이라는 게 상업을 통해 거둬들인 물질적 부였잖아. 로크는 그들의 이해관계를 대변하는 이데올로그였어.

남경태 그래서 지금도 미국에서는 로크를 미국 독립의 사상적 아버지로 추앙하고 있잖아.

 로크의 학설이 지금의 자유민주주의와 시장경제의 근간이 되니까. 보통 사회계약론을 설명할 때 홉스-로크-루소로 가는데 나는 그건 잘못됐다고 봐. 일본 학자들이 주로 그렇게 설명하는데 우리가 이걸 그대로 받아들인 거야. 루소보다는 존 스튜어트 밀이 좀 더 사회계약론에 가깝지. 밀은 아예 권력 자체를 불완전한 걸로 봤어. 그래서 이걸 계속 진화시켜 나가야 하는데 그 힘이 어디서 오는 거냐, 국가가 알아서 스스로 진화하느냐, 아니다, 사상의 자유에서 온다, 이렇게 주장해. 인간이 동물과 다른 것은 생각할 수 있는 능력이 있기 때문이니까. 따라서 인간의 생각을 억압하고 제한하는 것은 인간의 역사를 부정하는 것이라면서 사상의 자유를 주장한다고.

밀은 생각을 사람들한테 표현하고 전달할 수 있을 때 비로소 사상의 자유가 실현된다고 했어. 사상과 표현이 세트가 되는 거지. 사상의 자유는 표현, 집회, 결사, 언론, 양심의 자유와 함께 갈 때만 의미가 있다. 그래서 진보적 자유주의가 되는 거지. 이렇듯 존 스튜어트 밀에 와서 비로소, 인간은 스스로 약속을 통해 권력을 만들고 이를 고쳐나가면서 발전시키는 주체적 행동을 한다는 논리가 완성되는 거야. 밀이 이런 진보적 자유주의를 천명한 게 150년 전쯤인데, 우리 현실을 보면 그때의 수준에도 못 미치는 거 같아.

남경태 존 스튜어트 밀이 자유주의 사상을 정교하게 발전시킨 건 맞아. 벤담의 공리주의가 오로지 최대 다수의 최대 행복의 논리만 밀어붙였을 때 밀은 행복이나 정의가 반드시 다수결로만 결정되는 건 아니라고 했잖아. 국민들에게 맥주를 마시며 축구 경기를 보겠느냐, 셰익스피어의 작품을 읽겠느냐 택일하라면 셰익스피어가 다수결로 결정될 가능성은 거의 없겠지. 그래서 밀은 벤담의 무식한 공리주의가 올바른 엘리트 문화를 낳을 수 없다는 맹점을 지적했지. 하지만 밀도 역시 계몽주의의 기본적인 한계는 있어. 밀은 이성의 힘을 바탕으로 한 개인 간의 약속으로 권력을 만들고, 토론하고 설득하고 소통하면서 더 나은 세계를 만들어갈 수 있다고 믿었지만 20세기에 그 믿음이 여지없이 깨졌거든. 파시즘이란 괴물이 나타났단 말이야. 히틀러는 합법적인 선거에 의해 집권했다고. 파시즘은 한 개인의 광기가 만들어낸 괴물이 아니라 냉철한 이성의 산물이야. 전무후무한 인류의 대량학살과 전 지구적인 파괴를 목격하면서 그동안 인류의 미래를 낙관적으로만 봐왔던 학자들의 반성이 시작되지. 이성과 권력의 속성에 대해 다시 한 번 생각하게 되는 계기가 되는 거야.

고성국   그러면서 사회 곳곳에 스며든 권력관계를 재조명하게 되고.

정보사회와 권력의 투명성

남경태   재조명된 권력관계 중 대표적인 게 '정보'와 '지식'이잖아. 현대 사회를 '지식정보사회'라고 하지만 여기서 소외된 사람들이 있게 마련이고, 반대로 이걸 독점하면서 권력을 누리는 사람도 생기게 되지.

여기서 난센스 퀴즈 하나, 약사들이 왜 약을 갈아서 주는 줄 알아?

고성국 내용물을 모르게 하려고.

남경태 빙고! "이거 아스피린 아니에요?" 이럴까 봐 그런다는 거야. 의사들이 라틴어로 처방전을 써주는 이유는 환자가 단순한 감기인 걸 모르게 하기 위해서라는 거지. 물론 우스갯소리지만 두 경우 다 의학 지식을 독점함으로써 우월적 지위를 유지하는 거거든. 대신 환자는 그들의 처분에 모든 걸 맡겨야 하고. 이성을 통해 획득한 정보들이 일부 사람들에게 몰리면서 심각한 권력 차이가 발생하는 거야.

고성국 하루는 지방 강연이 있었는데 서두르다가 아침 신문도 제대로 못 읽고 갔거든. 그런데 정치 얘기를 하면 대개 어제오늘 일어났던 사건을 갖고 이야기하잖아. 신문을 자세하게 읽고 온 사람들 앞에서 갑자기 정보가 딸려 말문이 막히는 거야. 속으로 당황했는데 강의가 끝나면 사람들이 그래. "역시 정치학을 전공하신 분이라 다르네요." 나 역시 전문성이라는 갑옷을 입은 거야. 의사나 약사처럼.

남경태 그들에게 자신들이 아는 단순한 지식은 별 의미가 없었던 거야.

고성국 그래 단순한 정보와 그걸 의미 있게 분석하는 건 다르지. 어쨌든 그런 정보들이 가장 많이 모인 곳이 어디냐? 바로 국가야. 그렇다

면 우리나라에서 제일 많은 정보를 가진 사람이 누구냐? 대통령, 국
정원장 같은 사람들이야. 전에는 아주 무식한 사람이었더라도 일단
그 자리에 앉으면 우리나라에서 제일 유식한 사람이 돼. 대통령은 사
회 현안에 대해 모든 것을 알고 있어. 사회 원로를 만나든 일반 시민
을 만나든 그들의 관심사에 대해 이러저러한 얘기를 하지. 제아무리
유식한 사람도 듣고 있을 수밖에 없는 거야, 정보가 딸리니까. 국가
기구를 동원해서 거의 모든 정보를 얻은 사람 앞에서 덧붙일 말이 뭐
가 있겠어.

남경태　정보의 차이에서 압도되는 거지.

고성국　문제는 국가가 그렇게 국민 앞에서 전문성의 갑옷을 입고 군림
할 때야. 예컨대 미국산 쇠고기를 수입하면 광우병 위험이 있다는 문
제제기가 있었을 때 정부 태도가 어땠지? "모르는 소리 하지 마라. 우
리가 다 알아봤는데 안전하더라. 그러니 걱정할 것 없다." 이러고 말
잖아. 그러면서 자기들 방식대로 밀고 가잖아.

남경태　정보의 독점은 독재로 가기 쉽다는 얘기지?

고성국　그래서 공무원은 권력을 행사하면 안 된다는 거야. 그들이 어
떤 사안에 대해 고급 정보 즉, 전문성을 갖게 된 건 결코 그들이 잘나
서가 아니야. 국민이 그들에게 국가 정보를 사용할 권한을 줬기 때문

이거든. 그 이유가 뭐겠어. 그 정보를 잘 이용해서 국민에게 봉사하라는 거거든. 그런데 이걸 방패로 쓰는 거야. 국민을 무식한 사람 취급한단 말이지.

남경태　막상 전문가가 되면 오만해지는 거 같아. "너희가 뭘 알아." 하는 식이지. 환자가 이해할 수 있도록 쉬운 말로 상태를 설명하는 의사가 있는가 하면 무시하고 대충 넘어가는 의사도 있잖아. 지식은 권력을 낳고 권력은 사람을 변하게 하지.

고성국　그래서 권력이 투명하게 개방되어야 하는 거야. 전문성이 없는 국민이 보더라도 이해가 되어야 건강한 권력이야. 그 일에 앞장섰던 사람이 노무현이야. 끊임없이 대통령에 도전하는 과정도 그렇지만, 대통령이 되고 나서도 계속 권위와 싸웠던 거야. '상식이 통하는 사회'를 외친 것은, 권력을 국민의 땅으로 갖고 내려오는 과정이었지. 어쨌든 정치권력은 물론 경제권력, 사회권력도 건강해지려면 열려 있어야 하는 거야. 그런데 기득권층은 벽을 치지. 그러면 저항에 직면하니까 그 앞에 '전문성'이라는 또 하나의 벽을 둘러쳐. 삼성이 왜 250명에 달하는 변호사들을 고용하고 있어야 하냐고. 그것도 대검중수부 출신의 엘리트 검사들을 말이지. 국민을 위해 일해야 할 전문가들이 기득권층의 이익을 수호하고 방호하기 위한 수단으로 전락한 거야.

진보하는 사회의 시민 권력

남경태 그런데 우리 사회에서는 왜 아직도 그런 집단들이 힘을 발휘하는 걸까.

고성국 사람들이 그런 사실을 잘 잊어버리니까. 아직도 사건이 생기면 그때그때 미봉책으로 넘어가는 게 통하는 거야. 이건희도 분명히 실형을 선고받았는데, 불과 몇 달 만에, 그것도 단독으로 딱 사면복권되잖아. 지금도 큰소리 막 치고 다니잖아, 우리 경제의 리더인 양하면서. 이런 걸 사람들이 그냥 방치하고, 용납한단 말이지. 그런 게 우리 수준인 거야.

남경태 당장은 기득권을 옹호하고 삼성에 취직하는 게 이득인데 어쩌겠어. 교통신호를 안 지키면 사고 확률이 높다는 걸 알면서도 조금 먼저 가려고 법을 어기는 게 현실이잖아. 규칙을 지키는 게 자기에게 이득이라면 지키지 말라고 해도 지키지 않을까? 거꾸로 말하면 규칙을 안 지키는 게 이득이니까 안 지키는 거 아냐? 페어플레이를 해도 손해 보지 않는 것, 이게 바람직한 사회 시스템이겠지.

고성국 사회가 선진화된다는 것은 시민이 선진화된다는 것이고, 권력이 시민의 통제하에 들어간다는 거고 절대 규칙이 지켜진다는 거지. 그래서 나는 우리들의 대화를 듣고 있을 청소년들에게 이렇게 말하고 싶어. "내가 권력을 통제하는 주인이라는 생각과 투철한 행동이 우리 사회의 문제를 해결하는 출발점이다."

남경태 멀리 보는, 장기적인 안목이 필요해.

고성국 그리고 하나 더 당부하고 싶은 건 작은 일부터 실천하자는 거야. 학교나 직장에서 매일 크고 작은 권력들이 우리를 힘들게 하고 있잖아. 그럴 때마다 외면하지 말고 한 번이라도 좋으니까 문제를 제기하고, 호루라기를 불고, 그리고 부당한 처우를 당하는 친구의 손을 잡고 함께 항의해보라는 거야. 그렇게 확신을 갖고 스스로 행동하면서 자존감과 자신감을 확인하라고.

남경태 정답이긴 한데 개인의 의지에만 맡기기엔 어렵지. 먼저 사회가 비상식적이고 몰상식한 짓을 했을 때 응분의 대가를 치르게 하고 규칙을 지켜야 이익이라는 확신을 줘야지. 안 그러면 자기 이익에만 충실하게 되어 있어. 우리 모두 민주 시민이 되자고 아무리 외쳐 봐야 소용이 없다고.

고성국 "닭이 먼저냐, 달걀이 먼저냐?" 하는 건데, 생물학적으로 정답은 있거든. 달걀이 먼저야. 마찬가지로 "사회가 먼저냐, 개인이 먼저냐?" 했을 때 나는 개인이 먼저라고 생각해. 한 사람 한 사람이 자각된 행동을 해야 민주적인 사회가 된다고 보는 거야.

남경태 정희성이라는 시인이 쓴 「아버님 말씀」에 이런 대목이 있어. "아들아 너를 보고 편하게 살라 하면 도둑놈이 되라는 말이 되고 너더러 정직하게 살라 하면 애비같이 구차하게 살라는 말이 되는 이 땅의 논리가 무서워서 애비는 입을 다물었다마는……" 이런 딜레마가 여전히 있다는 거지. 올바르게 살라고 말했을 때 결국 개인에게 손해를 감수하라고 강요하는 측면이 있는 거고. 자기들은 챙길 것 다 챙기면서 말이지.

고성국 정희성이 그 시를 썼던 시대와 지금은 다르잖아. 개인이 감수해야 할 손해라는 것도 그래. 예전엔 정말 목숨을 걸고 해야 했지만 지금은 아주 작은 행동도 즐겁게 할 수 있는 여건이 됐거든. 그만큼의 진전이 있었던 거지.

남경태 그렇긴 하지. 박정희 때만 해도 대통령 이름을 입에 올리는 것만으로도 가위에 눌릴 정도였으니까. 근데 지금은 초등학생도 "명박아." 이럴 수 있으니까. 권위주의만 놓고 보면 게임이 안 되지.

고성국 G20 회의 때 포스터에 쥐를 그려 넣은 건 옛날 같으면 국가원수 모독죄에 속한다고.

남경태 하하. 말 되네.

고성국   그런데 지금은 그걸 그냥 웃어넘길 수 있을 정도로 우리 사회가 성숙한 거야. 그런데 검찰이 정색하고 기소했거든. 정치권력은 아직 덜 진화한 거지. 그래서 미네르바 사건, G20 포스터 사건 같은 블랙코미디가 벌어지는 거야. 시대착오지.

인터넷 파시즘

남경태   확실히 예전에 비하면 사회가 발전한 거 같기는 해. 젊은이들의 생각도 자유로워졌고. 소통과 만남의 측면에서 인터넷, 트위터 같은 매체들이 새로운 민주주의의 가능성으로 여겨지기도 하잖아. 그런데 어떻게 보면 이러한 매체들 역시 권력화되어가는 건 아닌가 하는 생각이 들어. 예컨대 평범한 개인이 유튜브에 올린 동영상이 인기를 끌면서 어느 날 유명인이 된다든가 하는 일이 생기잖아. 어떻게 보면 권력을 얻을 수 있는 새로운 수단이 된 셈인데, 이걸 어떻게 봐야 할까. 인터넷이라는 매체는 양면적이야. 한편으로는 한 개인이 하루아침에 세계적인 문화권력을 획득할 수 있을 만큼 민주적인가 하면, 다른 한편으로는 한 개인의 선동에 무수한 사람이 하루아침에 동조하는 떼거리주의를 조장하기도 하고. 난 인터넷이 그 특성상 파시즘적인 요소가 있다고 봐. 이른바 '된장녀' 사건이나 최근 유행하는 특정인 '신상 털기'에서처럼 개인의 인권이 무시되기도 하고, 집단적으로 여론을 호도하기도 하고. 그런데 이건 명백히 파시즘 권력이라는 말이지.

고성국　대중 독재지.

남경태　고독한 개인이 인터넷이라는 매체를 통해서 집단화되었을 때, 그들이 권력을 획득했을 때의 결과에 대해 걱정이 되는 게 사실이야.

고성국　파시즘은 기본적으로 대중 독재잖아. 파시즘과 정면으로 맞서는 건 개인주의고. 이성을 가진 개인에게 기대할 수밖에 없는 이유지.

남경태　그런데 집단적으로 어떤 행동을 취했을 때 개인은 자기 잘못이라고 생각하지 않잖아. 자기는 그냥 클릭 한 번 했을 뿐이다. 자료 하나 퍼왔을 뿐이다. 이렇게 생각할 수도 있고. 나치 정권을 지지했던 독일 국민도 당시에는 개인으로서의 자유로운 권리를 행사했을 뿐이라고 생각했겠지.

고성국　집단 뒤에 숨는 거지. 파시즘은 개인주의와는 양립할 수가 없는 거야. 파시즘 독재가 극단에 다다랐을 때 개인의 실존을 극대화한 예술 작품들을 불온시하잖아. 개인주의와 파시즘은 생래적으로 상극이거든. 나는 우리 사회가 제대로 된 개인주의를 익힐 기회가 없었다고 생각해.

남경태 시민 사회가 없었던 역사니까.

고성국 일제강점기는 물론이고 해방 후에도 이념 대결로 개인이 존립할 수가 없었어. 그러니까 우리나라 개인주의의 역사는 1987년 이후, 불과 20여 년밖에 안 돼, 그래서 굉장히 취약한 개인주의야. 지금도 개인과 국가 사이에서 국가를 우선시하는 사람들이 많아.

남경태 강한 쪽과 동일시해서 마치 자기 이익처럼 생각하는 현상도 비슷한 거 같아. 금메달 딴다고 해서 내가 좋아지는 건 아무것도 없거든. 재벌이 돈 버는 것도 나와는 상관없는 일이고. 그런데도 열광하고 지지하잖아.

고성국 '국민 기업'이니 '국민 가수'니 하는 말도 그렇게 나오는 거야. 민주주의를 위해서는 개인주의와 자유주의가 단단하게 버텨줘야 해. 그래야 웬만한 외풍에도 견딜 수 있는데, 이게 취약하니까 정권 한 번 바뀌면 뒤로 확 후퇴하거든. 앞으로 한동안은 민주주의를 회복하고 그 뿌리에 해당하는 자유주의와 개인주의를 지키기 위해 고단한 생활을 해야 할 거야. 가장 개인주의적인 매체랄 수 있는 인터넷에서 집단주의 문화가 발견되는 것도 그렇게 설명이 가능할 것 같아. 인터넷이야말로 개인이 주인인 사회잖아. 70억 명 모두가 한 사람 한 사람 차별 없는 공간에서 만난단 말이야. 그런데 우리나라가 기술적으로는 최고일지 모르지만 그 공간에서 활동하는 개인들은 여전히 성숙하지가 못한 거야.

그러다 보니까 휩쓸리게 되는 거지. 나는 젊은이들이 과거 세대보다는 개인주의와 자유주의를 체득하고 있다고 생각하지만, 담금질 과정이 더 필요하다고 생각해. 독립적이지 못하거든. 어느 정도 나이가 되면 부모에게서 독립해 진정한 개인으로 거듭나는 과정이 필요해. 여전히 정신적·경제적으로 부모에게 예속된 경우가 많잖아. 그러니 자기 목소리를 내기가 어렵고 스스로 설 기회가 없는 거지.

남경태 그렇지. 가족주의 성향이 강한 우리나라에서는 부모도 자식을 좀 더 잡아두고 싶어 하고.

고성국 그래서 상대적으로 젊은 공간이랄 수 있는 인터넷에서도 미숙한 문제들이 터지는 거야. 해법이 뭐냐? 그렇다고 인터넷이라는 가능성의 공간을 폐쇄할 거냐, 아니면 익명성에 제한을 둘 거냐 했을 때 대안으로 나온 게 인터넷 실명제 같은 거잖아. 미숙하니 통제하겠다는 발상인 거지.

남경태 참 퇴행적이야. 무슨 유신 시대도 아니고.

고성국 기술적으로 인터넷을 막을 방법은 없어. 목소리를 제한한다고 해도 한계가 있고. '악플'로 연예인이 자살했다고 '선플 운동'을 대안으로 볼 수 있을까? 이건 '운동' 차원에서 해결되기 어려워. 해답은 개인들에게 달린 거야. 스스로 개인주의와 자유주의와 민주주의로

무장하고 담금질하는 수밖에 없다고. 그렇게 인터넷 공간의 집단주의적 폐해를 극복해가는 거지. 그게 안 되면 결국 집단주의의 괴물에 사로잡히게 되는 거고.

성숙한 개인들의 유쾌한 민주주의

남경태 긍정적인 측면도 보자고. 인터넷이 현실 민주주의의 든든한 지원군이 된 경우도 많잖아.

고성국 지난 2010년 6·2지방선거에서 젊은 층의 투표율이 굉장히 높았어. 몇 가지 이유가 있지만, 내가 보기에 그건 개인들의 승리야. 선거 날 오전에 '만삭 인증 샷'이라는 게 올라왔어. 젊은 부부 사진이었는데, 여자의 배가 만삭인 거야. 그러면서 "저 지금 투표하고서 병원에 갑니다." 이런 글을 남겼는데, 휴일 나들이를 준비하던 젊은이들이 그때까지는 그저 움찔할 정도였다고. 근데 오후에 다시 글이 올라왔어. "셋째 아이 잘 낳았습니다." 이러면서 '인증 샷'이 또 올라온 거야. 사람들이 울컥했지. 그 길로 투표소로 쏟아져 나갔지. 평소 '이명박은 안 돼.' 하고 생각은 했지만 귀찮아서 바람이나 쐴까 했던 사람들을 마음 깊이 움직인 거야. 2011년 10월에 있었던 서울시장 보궐선거도 마찬가지고.

 인터넷의 파급력이라는 게 대단했지. 실시간으로 무한정한 공간으로 퍼져 나가니까. 그 어떤 매체도 가질 수 없는 힘이잖아.

 2010년 6·2지방선거에서 내가 그날 밤 KBS에서 개표 방송을 하는데, 시청자 문자가 막 올라와. 언뜻 보는데, "오늘 생애 첫 투표를 했습니다. 너무 기분이 좋아요." 이런 글이 하나 올라오는 거야. 아나운서는 못 봤는지 그냥 넘어갔는데 내가 방송에서 언급했지. 예전에는 투표에 목숨 걸었잖아. 애국하는 길이니까. 그런데 그 글을 올린 친구는 그냥 '성인이 돼서 처음 투표를 했는데 참 기분이 좋더라.' 하는 거야. 나는 이런 것이 우리 젊은 세대들의 감성과 정서라고 생각해. 그런 감수성으로 아주 소박하고 가볍게 유쾌한 민주주의를 향해 가는 거다. 그게 우리의 힘이다. 이런 생각이 들었지.

 실제로 그런 힘이 대통령 노무현을 만들었지. 집단의 힘이라는 게 그렇게 좋은 방향으로 가면 진보가 되는 거고.

 나는 그 힘을 믿는 거야. 파시즘을 막아낼 수 있는 유일한 힘.

 지금도 어디선가 즐겁게 세상을 바꿔나가고 있을 성숙한 개인들에게 희망을 걸어보자고.

덤벼라, 인생